Copyright ©BubblesBooks, 2022
Autor: Pol L. Grau
Ilustación: Silvia Roma
Diseño y Maquetación: Silvia Roma

Editorial Bubblebooks
www.bubblesbooks.com

Bubblesbook no autoriza la reproducción total o parcial de este libro para fines comerciales.

CUENTOS PARA DARLE LA VUELTA AL MUNDO 2

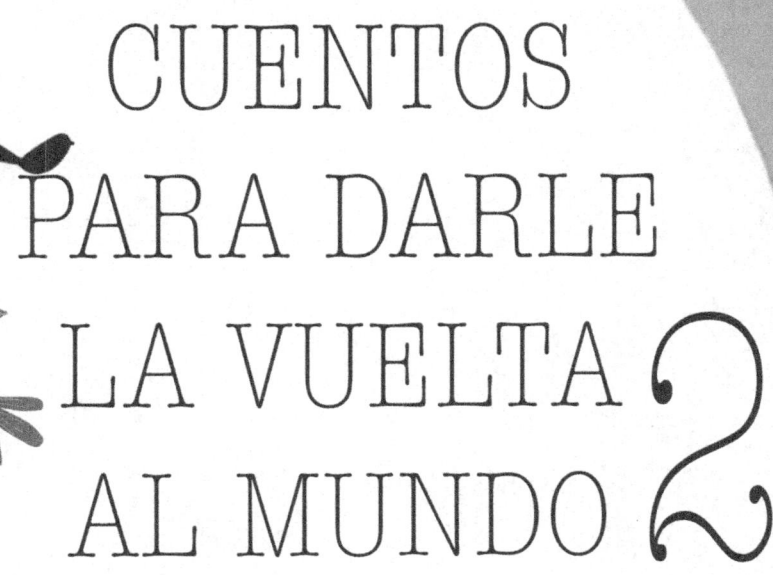

Hillsdale Elementary School
3275 W. 3100 S.
West Valley City, UT. 84119

¡BIENVENIDO!
¡BIENVENIDA!

¿Cómo va? Con ganas de empezar a devorar páginas, supongo. Pues cuando empieces a leer te encontrarás cuatro cuentos basados en la autoconfianza, la gratitud, el trabajo en equipo y la amistad. Unos valores a los que les daremos la vuelta para transformarnos en verdura, conocer a un club supersecreto, ir más allá de los cielos y hasta crear una mascota muy esponjosa.

Muchas cosas para ser solo un libro, ¿verdad? Y es que esto no es como una vieja tablet o el móvil, que tiene una memoria limitada. Cuando lees, despiertas la imaginación y con la imaginación no hay límites.

¿No me crees?

Lee atentamente estas historias y verás lo qué pasa...

SOY UNA PATATA

Un cuento para darle la vuelta a lo que somos capaces de hacer.

Hola, me llamo Mimi, y una vez fui una patata. Sí, sí, ¡la verdura! O, bueno, el tubérculo, para ser científicamente exactos. ¿Qué tal? No siempre he sido así, ¿eh? Normalmente solía ser una alegre niña de ocho años, casi nueve. Pero algo increíble ocurrió, y me convertí en una triste y solitaria patata. ¿Quieres saber cómo? Pues, acércate, que te contaré mi historia.

Todo este lío empezó hace mucho muuucho muuuuuucho...Ayer por la tarde, para ser exactos. Era viernes y, como de costumbre, mi mamá me llevó al parque después del colegio. Como vivíamos en una ciudad chiquitita, y todo el mundo se conocía, era normal que los pequeños nos quedáramos solos por ahí correteando sin mucha vigilancia (total, vivíamos justo al lado).

Ese parque tenía de todo: columpios, un castillito de madera con tobogán, un arenero, cuerdas colgantes, un balancín, una fuente... Hasta había un tenderete, donde una anciana señora vendía sabrosos dulces y salados tentempiés. Debía llevar abierto cien años porque, según me contó mi mamá, ya estaba allí cuando ella era pequeña.

En el parque se congregaban todas las niñas y niños del barrio. Brincaban, corrían, gritaban, se descolgaban... Todos se lo pasaban bomba, menos yo. No es que no quisiera hacer cosas, pero había dos hermanos, dos gemelos, llamados Zack y Vink, que eran muy muuuy muuuuy mayores. ¡Tenían nueve años y un cuarto! Y claro, como eran más grandes que los demás, querían impresionarnos todo el rato. Como he dicho, yo era una chiquilla muy alegre y me gustaban los animales y también me encantaba comer alguna porquería de vez en cuando... Pero sobre todo era torpe o, bueno, para ser exactos, **MUY** torpe. Así que había días en los que me pasaba el rato en el tenderete para esconderme de ellos.

Este par de gemelos hacía ya unas semanas que habían puesto de moda una nueva manera de columpiarse. Consistía en darse mucho impulso y, cuando estabas en lo más alto, ¡PAM!, dar un salto volador y aterrizar lo más lejos que pudieras. ¡Un metro, dos metros, **DOS METROS Y TRES CENTÍMETROS!** Cada día superaban su propia marca. Llevaban tanto tiempo haciendo eso que algunos incluso se habían olvidado de cómo funcionaba un columpio de verdad. Además, Zack y Vink siempre andaban chinchando a los otros para que también lo intentaran. La mayoría lo hacía, pero casi siempre con el mismo resultado: rodilla despellejada y lloros silenciosos.

Te estarás preguntando si yo lo intenté... y..., siendo rigurosos, intentarlo no lo intenté nunca. Por ello últimamente me pasaba las horas escondida detrás del puesto de las golosinas. Me parecía un lugar seguro y estaba claro que la anciana señora no me retaría a un concurso de saltos acrobáticos. Además, de vez en cuando, recibía la visita de Copito, un perro paticorto y juguetón que, de algún modo, me recordaba a mí.

Pero ayer a primera hora de la tarde, justo cuando acababa de llegar, la irritante voz de Zack me llamó la atención.

—Eh, Mimi, hoy dos metros y siete centímetros —fanfarroneó.

—Felicidades... —respondí sin mucho interés.

—¿Tu récord cuál era? Ah, no, que no te atreves. —Y soltó una carcajada.

—¡Es torpe como una patata! —Su hermano Vink apareció de la nada para burlarse de mí. (Como habéis comprobado, antes de convertirme en una patata de verdad, ya me habían llamado así muchas veces).

Quizás columpiarme como se había hecho toda la vida sí que me hubiera apetecido, pero saltar... no. Siendo como era, iba a acabar mal. Así que preferí irme de allí sin decir nada y esconderme en mi sitio favorito para estos casos: detrás del tenderete.

Mientras iba hacia allí con las manos en los bolsillos, me imaginé que daba un salto triple mortal con tirabuzón, que todos me aplaudían y... ¡plaf! Me tropecé. Pero del bolsillo, clink, clink, clink, salieron rodando unas monedas que no recordaba que llevaba. ¡Me iba a comprar algo rico rico! Pensé que mi suerte estaba cambiando, pero, en realidad, todo el lío empezó en ese momento. Llegué al tenderete de una carrera y dejé mi fortuna en el mostrador.

—Hola, ¿me das...? —empecé mi frase.

Me quedé pensativa y examiné todo lo que tenía por allí: chocolatinas **MAXI**, chicles ¡Boom!, bollos rellenos, nubes, nubes grandes, picapica superpicante, piruletas y..., ¡jajá!, eso.

—... las nuevas patatas chips extracrujientes —terminé mi frase.

La anciana señora dejó la revista que estaba leyendo y arrastró las monedas hasta la palma de su mano. Era bastante corpulenta y se recogía su pelo gris con un moño. Había rumores de que era una bruja. Fuera como fuera, gracias a ella, podíamos comer alguna golosina de vez en cuando (si éramos ahorradores).

—Lo siento —dijo con su voz ronca—, solo te llega para esto.

Sacó una polvorienta caja de cartón de debajo del mostrador, puso la mano dentro y obtuvo una birria de bolsa de patatas. ¡Eso debía ser del año en el que el hombre llegó a la Luna! **NI** siquiera pude leer el sabor, ya que estaba escrito en un idioma muy extraño, ¡con tildes en las consonantes y todo!

La anciana señora dejó la bolsa allí encima, escondió la caja a buen recaudo y se volvió a leer su revista. Ahora ya no había vuelta atrás. Me había gastado toda mi riqueza en eso, y era mi responsabilidad comérmelo. Agarré mi compra y me fui detrás del tenderete.

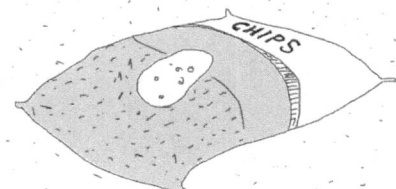

La bolsa era de color gris y tenía la fotografía de una patata de la huerta. No me lo pensé dos veces y la abrí. Hizo un ruido como ¡pop! y ¡fluf!, y salió una bocanada de aire con olor a campo. Me dio un escalofrío. Agarré una patata chip del interior y la observé con detenimiento..., ¿era verde o azul? Vale, cambio de planes. Mejor comerlas cerca de la fuente por si algo iba mal.

Cerré la bolsa con el puño e inicié mi camino hasta la fuente. Cualquier otro hubiera tardado menos de un minuto, pero yo me quería esconder de Zack y Vink. Intentar ser una ninja fue todavía peor, ¡me tropezaba con todo! El castillo, el balancín, el arenero... Total, que para cuando llegué, el sol ya se estaba poniendo y no quedaba casi nadie en el parque.

Pulsé el botón y comprobé que la fuente funcionaba. Perfecto. Volví a abrir la bolsa, cerré los ojos y me comí la primera patata. Oye, no estaban nada mal. Tenían un sabor como muy natural, muy de verdad. Luego me zampé otra y otra y otra, y al poco rato ya estaba sacudiendo las últimas migas que habían quedado en el fondo. **¡ÑAM!**

Después del banquete, lancé la bolsa a la papelera. Pensé en volver a casa, pero de pronto me entró mucha sed. Abrí la fuente y glup, glup, glup, glup, glup... ¿Qué me estaba pasando? Era como un pozo sin fondo, podía beber y beber que no me cansaba. ¡Eso sí que era un récord! ¡Ojalá esos gemelos hubieran estado para verlo! **¡JO, JO, JO!** Glup, glup, glup...

Pero después la cosa ya no era para presumir...

A la que me quise dar cuenta..., ¡me había convertido en una patata! ¡Igual que la de la foto! **¿CÓMO ERA ESO POSIBLE?** Medía menos de doce centímetros, era redondita pero con bultos y mi piel era marrón y áspera como la tierra... (¡suerte que tenía patitas y bracitos para moverme!).

Y esa es la historia de cómo me convertí en patata.

FIN.

Era broma. De hecho, mi aventura empezaba ahí (¡y qué aventura me esperaba!). Grité y gimoteé desesperada para encontrar ayuda, pero nada. La noche no andaba lejos y allí no quedaba ni un alma. No tenía ni la más remota idea de cómo solucionar eso, pero si no llegaba a casa pronto, mi familia se preocuparía, ¡y mucho!

Sin embargo, plantarme en casa de esa manera podía ser catastrófico. ¿Y si mi padre no me reconocía y me echaba a la cazuela? ¿O a la sartén? Primero debía volver a mi forma de niña de ocho años, casi nueve. El problema era que no se me ocurría cómo hacerlo. Me concentré y, después de mucho pensar, solo había una cosa que podía hacer: volver al tenderete y conseguir esa caja misteriosa que escondía la anciana señora. Si la bolsa

de patatas había salido de allí, el antídoto seguramente también. (A lo mejor, no era la mejor idea del mundo, pero era la única que tenía, ¿qué harías tú si fueras una patata?).

Por delante me esperaba una travesía plagada de peligros: el arenero, el balancín, el castillo... Si siendo normal ya me había costado, ¡ahora sería una misión imposible! Aun así, me armé de valor y me puse en marcha.

El primer desafío era el arenero. Desde mi punto de vista, eso era como un vasto desierto con altas dunas y enormes palas enterradas. Andar por ahí costaba un montón, ya que mis piececitos se hundían todo el rato. Al final, tuve tan mala suerte que me caí de morros. Traté de ponerme de pie, pero eso fue todavía peor, ya que, si hacía fuerza, me hundía más y más, ¡como en las arenas movedizas de las películas! ¡SOCORRO!

Era tan torpe y tan palota que no llegué ni a superar el primer obstáculo. ¡Un aplauso para mí! Tres pasos aguanté. Ahora me quedaría allí enterrada para siempre, hasta secarme como una pasa. Ya lo daba todo por perdido, cuando un morro perruno me liberó de esa trampa mortal. ¡Era mi amigo Copito!

Me puso a salvo, y yo escupí toda la arena que me había tragado. No sé cómo, pero ese pequeñín me reconocía. ¡Genial! Se convertiría en mi valiente corcel con el que cruzaría todos los peligros del parque en un santiamén. Además, como era bajito como un botijo, podría montarme en él en un pispás. ¡Por fin un poco de suerte!

Después de siete intentos, logré subirme a sus lomos.

—Ea, Copito, Ea. —Lo acaricié—. ¡Al tenderete! —Le señalé el camino.

Entonces, fue hacia el balancín.

Lo que pasaba era que Copito tampoco era el más astuto de los perros. Además, tenía las patitas tan cortas que, por mucho que corriera, siempre parecía que andaba muy lento.

—¡He dicho al tenderete, al tenderete!

Pero él, ni caso, se subió al balancín y, haciendo equilibrios, lo cruzó. Él, pese a ser paticorto, andaba a paso seguro y confiado. Yo, en cambio, lo pasé fatal. Me resbalé y terminé colgando de los pelos de su barriga durante un buen rato. ¡Qué apuro! Llegó al otro lado, y yo me pude soltar sana y salva. ¡Otro obstáculo superado! ¡Y van dos! ¡Sí! Copito me lamió feliz, y yo me puse en pie y lo abracé, pero no había tiempo que perder.

Después de solo cuatro intentos más, alcancé otra vez su lomo.
—Escúchame —le susurré al oído—, no hagamos esto más complicado de lo que es. Ve hasta el puesto de las golosinas directamente. ¿De acuerdo?
—¡Guau! —ladró.
—Me sirve.

Copito se puso a trotar, esta vez sí, en dirección a la tiendecita y esquivando todos los peligros que me acechaban. Pero el perrito pronto se paró y se puso en alerta. Olisqueó al aire y corrió en dirección al castillo.

—¡No, no, Copito! ¡Allí no!

Me agarré de su pelaje como pude y traté de calmarlo. Pero no me hizo caso y subió por los escalones hasta la primera planta de esa enorme torre de madera llena de diversiones. Allí, en el suelo, había un trozo de bocata de chorizo que algún despistado se había dejado.

El perrito se agitó y aterricé en el suelo. Sin pensárselo dos veces, se puso a mordisquear ese cacho de pan con embutido.

—Vale, esta vez te lo perdono —dije mientras me sacudía el polvo—, pero no lo vuelvas a hacer.

Esperé pacientemente a que saciara el apetito, pero antes de terminar, una paloma, que estaba como a cien metros de distancia, le alertó y se puso a ladrar.

—Tranquilo, Copito. No nos va a hacer nada...

Pero otra vez no me escuchó y corrió a perseguirla. Genial, mi valiente corcel me había dejado abandonada en el tenebroso castillo y la noche estaba al caer... ¡Qué miedo! Sin embargo, tenía que dejar atrás mis temores y activarme. Mi primera idea fue bajar los escalones, pero, como era una patata, los peldaños estaban demasiado lejos los unos de los otros. Un resbalón y adiós. Solo me quedaba una opción: cruzar el puente colgante, alcanzar la otra torre y bajar por el tobogán.

El sol ya se ocultaba detrás de los edificios y el cielo estaba naranja. El tiempo se me acababa. Suspiré y me dirigí al puente colgante. Me pareció interminable. Di el primer paso y la madera crujió, **ÑEEECK.** ¡Ay, ay, ay! Cerré los ojos y di un saltito, y luego otro y otro. Abrí los ojos; sin darme cuenta, había avanzado hasta más de la mitad de los tablones. No se me daba nada mal, oye. Pero no me podía confiar, en todas las películas estos puentes se rompen y cae alguien.

Finalmente, lo logré, ¡y a la primera! ¡Sin sustos ni nada! Miré atrás y me di cuenta de la proeza que había conseguido. Esta vez **SÍ** que me merecía un aplauso, ¡un **GRAN** aplauso!, para ser exactos. Mimi la patata saltarina para servirles, damas y caballeros. Gracias, gracias.

Ya me faltaba poco para llegar al final. Si bajaba por el tobogán, rodaría hasta el tenderete de un plumazo. Ya había superado muchas hazañas y solo me faltaba un último gran desafío... Me asomé al tobogán y... vale... ¡Eso era peor que una montaña rusa! Me entró un tembleque en las piernas. Nunca me atrevería a deslizarme por esa pendiente. ¡Demasiado para mí! Desde mi perspectiva, lucía como la panza de un gigante y ni siquiera se divisaba el suelo. Tenía yo mis dudas, cuando en ese momento una paloma se posó en lo alto del tobogán, no muy lejos de mí.

—Hola, amiguita... —dije un poco asustada.
—Crrruuuc —me respondió muy curiosa.

Me miró y torció el cuello. Después voló un poco y aterrizó a mi lado.
—Tú no comes patatas, ¿verdad? —pregunté.
—Crrruuuc —repitió.

Se me acercó y, sin preguntar, me picoteó la cabeza. **¡AU!** Di unos pasos hacia atrás sin fijarme dónde ponía los pies y terminé rodando a toda velocidad por el tobogán. Noté un remolino en mi estómago y luego...
¡FIUUU! ¡Volé! ¡Qué sensación tan indescriptible! **¡YUPI!**

¡PLOP! El aterrizaje sí que fue descriptible, concretamente fue un buen piñazo contra la pared del tenderete. Tenía magulladuras y moratones por todas partes. Me sentía muy adolorida, pero al menos lo había conseguido, ¡había llegado a mi destino!

Me sacudí el polvo y comprobé si me había roto algún hueso. Después recordé que ya no tenía de esos y respiré aliviada. ¿Dije que el tobogán era el último gran reto? Mentira. Entrar en el tenderete sería mi última gran misión. A esa hora ya llevaba un rato cerrado y no había manera de pasar. Era como un cubo de madera cerrado a cal y canto, con un cerrojo, una cadena y hasta un candado. Ni una rendija, ni una ventanilla, **N-A-D-A**. Solo había una entrada posible, una estrecha chimenea que había arriba de todo. Pero, claro, llegar allí era casi imposible o, bueno, **TOTALMENTE** imposible, para ser exactos.

Tanto esfuerzo para nada, ¡qué plan más tonto el mío! ¿Cómo no se me ocurrió pensar que la tiendecita estaría cerrada? Y entonces lo vi claro: el columpio. Si me impulsaba y saltaba, ¡podría llegar hasta el tejado!

¿Había dicho que entrar en el tenderete era la última gran prueba? ¡Mentira! Volar hasta el tejado sería la ultimísima gran prueba, esta vez sí.

Llegué allí como el rayo y traté de subir al asiento del columpio, pero no llegaba a alcanzarlo (es lo que pasa cuando no levantas ni doce centímetros del suelo). Pero de pronto, algo me picoteó la cabeza. Era ella, la paloma come-patatas. Y no venía sola, se había traído a sus doce primos.

—Ho-hola... —dije tartamudeando.

Me rodearon mientras cacareaban cosas en el idioma palomo. Hubiera podido intentar plantar cara, pero eran doce palomas cachas contra una triste patata. Una pelea muy injusta. Sin avisar ni nada, una de ellas me picoteó en un costado y otra, en la cabeza. ¡**AU**! y ¡**AU**!

—¡Dejadme en paz!

¿Sería este mi final? ¿Merendada por unas palomas? ¡Qué triste! Pero de pronto, apareció Copito como un héroe y espantó a esos pajarracos. **¡MI AMIGO!** ¡Gracias! ¡Gracias! Pero no había tiempo para discursos de agradecimiento. Con la ayuda de su morro, me impulsé hasta lo alto del columpio y, con sumo esfuerzo, empecé a balancearme.

Costó bastante más de lo que pensaba, pero al poco rato aceleré. Arriba, abajo, arriba, abajo... Vamos, vamos... ¡Sí, sí! ¡Iba a conseguirlo! Un empujón más y saltaría. Además, no tenía nada de qué preocuparme; después de mi experiencia en el tobogán, ya tenía el carnet de piloto de altos vuelos.

—¡A la de tres, salto! —anuncié.

—¡Guau! —me contestó mi compinche mientras espantaba a las palomas.
—A la de una, a la de dos y...

Lo que ocurrió después sonará tan sorprendente que no lo vas a creer. Cuando el columpio estaba en lo más alto, me dejé ir y **¡FIUUU!** Empecé a dar vueltas de campana en el aire. No solo volé por encima de los árboles, llegué al tejado ¡y me colé por la chimenea de una carambola! Después reboté en el mostrador del interior del tenderete y caí directamente dentro la caja misteriosa, ¡todo de una! **¡EL SALTO PERFECTO!**

Después de eso ya no me acuerdo mucho... ¡Demasiados brincos!

Nunca comprendí cómo me volví a convertir en una niña normal ni si había una explicación científica para ser exactos... Solo diré que la anciana señora se llevó un susto de muerte cuando me encontró zampando todo su negocio. Yo le dije que estaba buscando el antídoto antipatatas, pero me sacó de allí tirándome de las orejas. Enseguida llamó a mi casa, y mi mamá me pegó una bronca monumental. Total, que me castigaron sin comer porquerías por un buen tiempo. Traté de defenderme y explicar mi versión de los hechos a mi familia; y de hecho, me creyeron.

—¿Una patata? ¡Claro! ¡No hay día en que no lo digas! —me replicó mi mamá.

Cuando a la mañana siguiente volví al parque, yo ya era como siempre y nadie notó nada raro. Para no parecer una chiflada, preferí guardarme mi historia para mí, pero había alguien en quien sí podía confiar: Copito. Mi noble acompañante de aventuras. Él recordaría todo lo ocurrido. Lo busqué por ahí y por allá, pero fui incapaz de dar con él. Hasta que, otra vez, la irritante voz de Zack me llamó la atención.

—Tse, eh, tú. Dos metros y nueve centímetros —fanfarroneó de nuevo.

—Me alegro por ti.

—Déjala, Zack. —Vink apareció de la nada—. Esta patata, como mucho, volaría menos de un centímetro.

—¡Uh! ¡Uh! —cacarearon como dos palomos.

Después de hundirme en arenas movedizas, cruzar balancines a lomos de un perrito, saltar a través de un puente colgante, volar por un tobogán gigante, casi morir merendada por unas palomas monstruosas y realizar el salto más perfecto de la historia, estos dos gemelos ya me daban igual.

—Vais a ver lo que es bueno —los desafié.

—¿Qué has dicho? —soltó uno con los ojos como dos platos.

—¡Mimi lo va a intentar! —gritó el otro a pleno pulmón.

Me dirigí allí a paso seguro y, poco a poco, todas las niñas y niños del parque se reunieron a ver qué pasaba. Yo me quedé parada delante del columpio, conteniendo la respiración.

—¡Ja, ja! La patata está temblando —se mofó Vink.

—Vuelve a casa con tu mamá, la zanahoria —añadió Zack con sorna.

Di un paso más e intenté subirme, pero resbalé y casi acabo con el culo al suelo.

—¡**JA, JA, JA, JA, JA, JA!**— Las carcajadas de esos dos resonaron por todas partes.

Curiosamente, el resto de los chiquillos no se rieron; de algún modo, podía notar que estaban de mi parte. ¡Esos dos gemelos tenían frito a todo el parque! Había llegado el momento de darles una lección. Me coloqué bien y recuperé la compostura.

Repetí la operación y esta vez sí, mi culo terminó en el columpio. Tomé impulso con los pies y empecé a acumular velocidad. Los espectadores vieron que iba en serio y dejaron un pasillo a modo de pista de aterrizaje.

Me impulsé con todas mis fuerzas.

—A la de una —exclamé—, a la de dos... —seguí.
Todo el mundo se mantuvo en silencio.
—A la de tres, a la de cuatro, a la de cinco, a la de seis, a la de siete, a la de ocho...
Me miraron incrédulos.
—A la de trece, a la de catorce, a la de quince...
—Bueno, ¿qué? **¿PIENSAS SALTAR O NO?** —Se hartó Zack.
—Sí, que no tenemos todo el día... —se quejó el otro hermano.
—La verdad es que **NO**. Me apetece columpiarme y ya está —repliqué.
Dejé a esos dos hermanos con tres pares de narices.
—¡Yuju! ¡Yupi! —gritaba feliz mientras me columpiaba muy alto.
—¡Ualá! —balbuceó una niña—, ya ni me acordaba de que no era obligatorio saltar.
—Me pido segundo —dijo uno muy avispado.
—¡Tercera! —se adelantó otra.
—¡Cuartero! —dijo el más lento de todos.
—¿Cuartero? ¡Eso no existe! —le replicaron.
Todo eso terminó en un intenso debate. Zack y Vink se pusieron hechos unas fieras, pero es que nadie les hacía ni el más mínimo caso. Mientras tanto, yo me columpiaba más feliz que nunca. No me había atrevido a saltar, ¡y no pasaba nada! Porque yo **NO** quería saltar, solo pasarlo bien.
A lo lejos, pude ver cómo Copito se acercaba para saludarme. «¡Amigo mío!», pensé por dentro mientras me balanceaba arriba y abajo. A él tampoco le hizo falta ladrar, solo con la mirada ya fue suficiente.
Después de un rato, cedí el asiento a otra niña y

me fui con unos niños a intentar hacer el agujero más profundo del mundo. Y desde ese día, en ese parque, cuando alguien es muy muy muuuuy valiente y se atreve a hacer lo que quiere, se dice: «¡Eres valiente como una patata!».

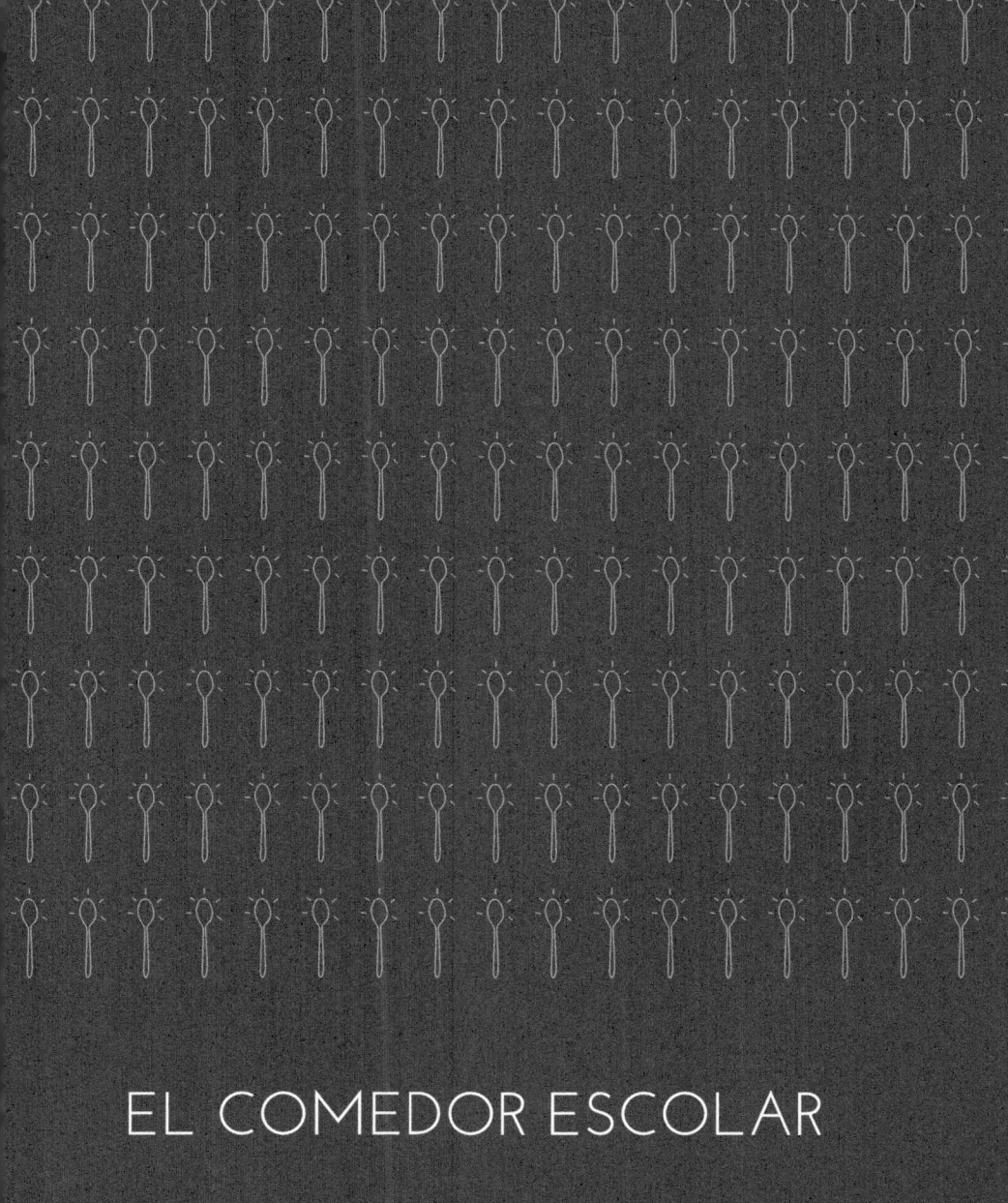

EL COMEDOR ESCOLAR

Un cuento para darle la vuelta a la gratitud.

En cualquier cole existen dos tipos de niñas y niños: los que al mediodía se van a casa y los que se quedan en el comedor. ¿Tú de cuál eres?

Y es que se ha escrito mucho sobre las escuelas..., que si clases, que si el recreo, que si los polémicos deberes..., pero los comedores siguen siendo los grandes desconocidos. Si eres de los que se quedan, la historia que contaré a continuación seguro que te gustará un montón (y si no, ¡también!).

Como os podéis imaginar, este cuento empieza en una lavandería. Bromeaba; empieza en un comedor, por eso se llama "El comedor escolar". Transcurre en un comedor ruidoso, con un olor muy particular y largas hileras de mesas de color verde (parecido al tuyo, ¿a qué sí?).

Como su nombre lo indica, en un comedor se come, pero eso es solo la teoría. Pues en este ocurrían auténticas **LOCURAS:** concursos de aguantar la cucharilla con la nariz; aprendices de hechicero que mezclaban pócimas en sus vasos o el tenedor que, si lo hacías girar, te decía quién iba a suspender el examen de matemáticas.

¡LOCURAS A DIARIO!

Y en la mayoría de estas locuras, estaba involucrada Martina, una niña de diez años que era tan alegre como traviesa. ¡Y llevaba la mitad de su vida zampando allí! Eran tantos los años que ya lo consideraba su hábitat natural. Su territorio. Tal era así que muchas veces le gustaba imaginarse como si todo aquello fuera uno de esos documentales de animales:

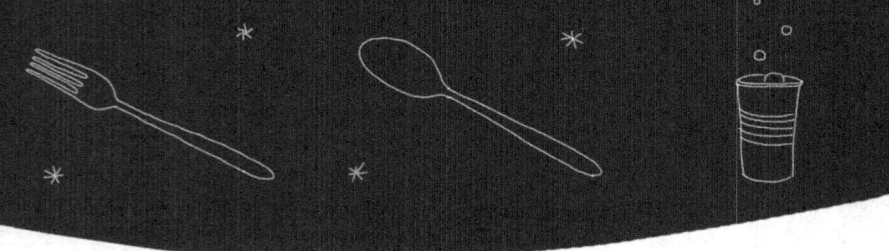

«Amanece un nuevo mediodía en la jungla del comedor, y la fauna hambrienta llega para saciar su apetito... La joven cervatilla Martina hace cola con las lobitas de tercero para recibir el manjar de la cocinera leona. ¿Qué habrá cazado hoy? Arroz con tomate y alcachofas fritas. ¡Mmmm, exquisito! Las lobitas y la cervatilla cruzan las miradas... La primera en devorarlo todo podrá salir antes al patio. ¡Empieza la carrera!».

Total, que Martina era la fan número **UNO** de ese sitio. Pero había una cosa que le alucinaba más que ninguna otra. ¡Cada día hacía amigos nuevos! Ella ya tenía a sus amigas y amigos de su clase, pero los del comedor eran diferentes. Siempre se sentaba al lado de gente que no había visto nunca en la vida. Novatos temerosos, misteriosos niños del grupo B, pequeñas trotamundos, castigados sin fortuna... ¡A cada cual encontraba más divertido que al anterior! Cada vez que conocía a alguien nuevo, Martina se presentaba a su manera:

—Lo que pasa en el comedor se queda en el comedor. ¿Queda claro? **¡GUERRA DE GUISANTES!**

Todo era ideal para esa joven estudiante de cuarto. Pero... qué cuento más aburrido si todo es perfecto, ¿no? Por eso este cuento **NO** es así, ya que algo terrible ocurrió. Algo catastrófico. **ALGO CALAMITOSO.**
La cocinera se jubiló.

Se fue. Sin más. De un día para otro. Sin avisar. La verdad es que Martina y los demás casi nunca reparaban en ella. Nadie le daba demasiada importancia. Era la señora que servía la comida en el plato y ya está. La niña no solo se imaginaba que era una leona que cazaba la comida, también pensaba que era como el cuadro ese de casa de los abuelos (sí, ese). Que siempre estaría allí. Pues resulta que las cocineras del cole no son cuadros, son personas.

Podría parecer un hecho sin importancia, pero desde ese día todo cambió. Así lo presintió Martina, que notó que algo **NO** olía a chamusquina nada más entrar. Además, había una laaaarga cola que hacía eses por todas partes, ¡como las de los parques de atracciones! Martina se puso la última de la fila y resopló, ¡eso avanzaba al paso de una tortuga perezosa! Se dio cuenta de que todos sus compañeros cuchicheaban cosas. La niña no tenía ni la más remota idea de lo que pasaba allí y se puso a husmear. Como si sus orejas fueran antenas, sintonizaba las conversaciones que cazaba al aire.
—¡Chrrrrk!
—Pues como tengamos que esperar más, nos quedamos sin recreo.
—Jopeta, eso sí que no.
—¡Chrrrk!
—Y le digo yo a la profe, ¿hoy es martes? ¿Seguro?
—¡Chrrrrk!
—He oído que hay un cocinero nuevo, que la otra se ha jubilado.
—O un dinosaurio se la ha desayunado.Chrrkkkkssss...
¿Dinosauros? ¿Jubilada? ¿Cocinero nuevo? ¿Cómo es que nadie la había informado de ello? Martina podría

haber preguntado a una de sus compañeras, pero quiso llegar al fondo de la cuestión ella misma.

Se coló de todo el mundo y se plantó al inicio de la hilera, lo que provocó un mar de malas caras a su alrededor. Se quedó allí quieta como una estatua y frunciendo el ceño con fuerza. ¿Quién era ese señor? ¿Dónde estaba la cocinera de toda la vida? ¿Cómo es que las cosas cambiaban y nadie la avisaba?

—Niña, ¿no ves que molestas? —dijo el nuevo cocinero.

Sin que Martina pudiera contestar nada ingenioso, la monitora la sacó de allí y la puso la última de la hilera. ¡Otra vez a la casilla de salida! ¡No! ¡Eso sí que no! Con lo lenta que era la cola, terminaría supertarde de zampar y se perdería el patio de después del comedor (esa extraña hora del recreo que nadie sabe exactamente cuántos minutos dura). ¡Ese cocinero se había ganado una buena enemiga!

Y ese solo fue el primero de muchos malos días para ella. Se ve que el cocinero nuevo quería hacer las cosas diferentes, a su manera. Y su manera era la de fastidiar. Si no, ¿cómo se explicaba esa lentitud? Al principio hubo mucho revuelo y, para evitar una revuelta, pusieron doble vigilancia **¡DE POR VIDA!**

Y después de eso... , adiós a las carreras, adiós a las trastadas, adiós a los nuevos amigos... Hola al silencio, hola a las colas perfectas, hola a masticar al unísono... El mundo que tanto le gustaba a Martina se había esfumado delante de sus narices. Ahora era gris, lento y aburrido.

Al cabo de una semana, Martina se hartó, ¡era momento de pasar a la acción! ¡La cocinera de siempre tenía que volver! Lamentablemente, ella sola poco podía hacer. Solo le quedaba una opción: pedir ayuda a los Grandes Sabios del Comedor.

Los Grandes Sabios del Comedor eran las cuatro niñas y niños que más tiempo llevaban zampando allí sin interrupciones. Sin excusas. Todos los mediodías del curso, de todos los cursos, sin ni una falta. Eran conocedores de los secretos del menú de los viernes y los guardianes de los cuatro cubiertos sagrados, los únicos que todavía relucían.

Ellos eran:

Anna de quinto apodada la comadreja

Escurridiza como ninguna; con sus excusas, era capaz de esquivar todos los castigos de la monitora y salir al patio la primera. Guardiana del tenedor sagrado.

Hugo, de sexto, alias el topo. Había andado tanto tiempo debajo de las mesas que conocía ese laberinto como la palma de su mano. Guardián de la cuchara sagrada.

Esteban, un repetidor de sexto. Un gato viejo que había estado en todos los jaleos. Era poco hablador, ya que prefería no meterse en más líos. Guardián del cuchillo sagrado.

Y la joven Martina, de cuarto, inventora del juego «¡terremoto en la mesa!». La más afectada por esta crisis. La que ya conocemos todos. Guardiana de la cucharilla sagrada.

Rara vez se sentaban los cuatro juntos, el azar hacía que nunca coincidieran uno al lado del otro (y quizás era mejor así). Pero cuando las cosas se ponían feas, había una manera de reunirse: invocándose con la señal secreta.

Así que ese mismo mediodía, comiendo sin ganas y fastidiada de tanto aburrimiento, Martina rebuscó en su bolsillo y obtuvo la cucharilla sagrada (siempre la llevaba encima, era una gran responsabilidad). La limpió un poco con la camiseta y la levantó al aire, orientándola a una ventana del este. Un rayo de sol rebotó en el cubierto, y en la lejana pared norte apareció un destello de luz. Martina lo hizo parpadear y lo movió en círculos. Pero no ocurrió nada...

—¡Tú! Siéntate —gruñó la monitora.

¡Casi la pillan! Con más disimulo, repitió el mismo código en busca de una respuesta, pero nada. Casi se daba por vencida, cuando en la pared apareció un segundo destello, y luego otro y uno último. ¡Cuatro destellos! ¡Los Grandes Sabios se habían manifestado! ¡Seguían vivos! Todavía quedaba una brizna de esperanza.

El siguiente paso era reunirse con ellos a la sombra de la vieja cortina gris, un lugar prohibido que se encontraba más allá de las mesas de parvulitos y de los montes de servilletas. A unos tres metros.

La de cuarto fue la primera en llegar, estaba impaciente por hacer algo. Por suerte, aquel lugar quedaba escondido y lejos de la visión de las monitoras.

—Martina —dijo una voz entre la penumbra—, no te veía desde la gran escasez de postres.

Era Hugo, que llegó arrastrándose de debajo de una mesa que había por allí.

—Hugo, viejo amigo.

El niño topo se puso en pie y se dieron un fuerte apretón de manos.

—Lo sé. Es la peor crisis en siglos —dijo él con preocupación.

—¿Crees que vendrán los demás?

—No estoy seguro... He oído rumores de que Anna se ha retirado.

—¿Qué dices, topo del demonio?

Anna la comadreja apareció de detrás de la vieja cortina gris.

—Llevo aquí más rato que vosotros. Lo que yo soy precavida.

Echó un vistazo a ambos lados y se volvió a esconder, dejando solo su nariz a la vista.

—Solo falta uno. —Contó Martina.

Finalmente llegó Esteban con las manos en los bolsillos y la mirada perdida.

—Gato viejo..., sabía que vendrías, lo sabía.— Se alegró Hugo.

—...

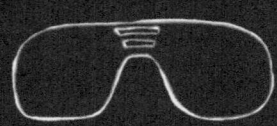

—Supongo que ya sabéis por qué os he invocado. —Comenzó Martina la reunión.
—Sí..., esto ya no se puede aguantar —dijo la nariz de Anna.
—No hay tiempo para lamentaciones.
—Martina tiene razón, ¡tenemos que actuar! —añadió el topo.
—¡Sí! Que echen a ese cocinero nuevo y que vuelva la...
—No va a volver. —Abrió la boca Esteban por fin—. Todavía sois muy pequeños para entenderlo. Esto va de dinero. Han recortado el presupuesto y nosotros no podemos hacer nada.
—¿Qué quieres decir?
—Me voy, Martina, abandono.

Los tres se quedaron mudos al oír la noticia.
—Estoy demasiado mayor para estos líos...

Esteban dejó su cuchillo sagrado en el suelo con un gesto solemne y se fue con las manos en los bolsillos.
—Espera —le gritó Hugo—, ¿de verdad no te acuerdas?
—¿Acordarme de qué? —respondió mientras se marchaba.
—Esteban, tú y yo luchamos juntos en las guerras albóndiga.

El repetidor frenó en seco.
—Recuerdas lo que me dijiste, ¿lo recuerdas? Cuando me entró un proyectil con perejil en el ojo y yo lo daba todo por perdido..., ¿te acuerdas, Esteban?

El repetidor revivió todos aquellos momentos con intensidad. En su mirada se podía ver el reflejo de las albóndigas volando de aquí para allá y en su cabeza resonaban los gritos y las explosiones de aquella batalla.

Hugo se arrodilló y recogió el cubierto sagrado del suelo. Extendió la mano y se lo ofreció a Esteban.

—Ahora mírame al ojo malo y repítelo, repite que abandonas...

Esteban se dio la vuelta y, después de un largo silencio, recuperó su chuchillo reluciente de las manos de su amigo.

—¡Los Grandes Sabios del Comedor vuelven a la carga! —aulló Hugo.

Se volvieron a juntar y formaron un corrillo.

—Está bien. ¿Y qué propones, pequeña terremoto? —dijo Esteban.

—Un bombazo, algo grande, algo histórico, ¡que salga en los periódicos locales!

—Me gusta tu estilo. Continúa.

—Ehemmm, pues eso... Un jaleo de los buenos, y..., ¿un terremoto en la mesa? Es que no tengo más ideas —reconoció—. ¿Y vosotros?

Hugo y Esteban encogieron los hombros. ¡Cero ideas! Menuda manera de empezar un plan.

—Sabotaje —susurró la nariz de Anna.

—¿Qué? —dijeron sorprendidos los otros tres.

Anna salió de su escondrijo.

—Sabotaje, boicot, engaño, farsa, treta... —Enumeró con los

dedos—. Tengo cien maneras de decirlo.

El plan de Anna era retorcidamente magnífico. Primero, debían conseguir algo asqueroso y nauseabundo. Luego, entrar en la cocina y mezclarlo con la sopa y el puchero.

¡Así seguro que echarían al cocinero nuevo! Y después volvería la señora de siempre y se restablecería el orden cósmico del comedor. ¡Un plan sin fisuras! Eso sí, un plan complicado. El primer punto era conseguir algo asqueroso y nauseabundo. Y solo el niño topo sabía dónde encontrarlo.

Al mediodía siguiente, Hugo los citó a la hora de los postres, justo debajo de la primera mesa de la tercera hilera, la que bailaba un poco. Los cuatro llegaron puntuales y agachados al punto de encuentro. Hugo no perdió más tiempo e inició la marcha sin decir nada a nadie. Andando a gatas, Martina y el resto emprendieron su camino por esa cueva de piernas y patas de mesa que parecía infinita. De pronto, Hugo se frenó y les dio el alto.
—Quietos.

Los cuatro Grandes Sabios del Comedor pudieron observar las piernas de la monitora paseando arriba y abajo. Un gesto en falso y los pillarían.
—Si no nos movemos, no nos verá.

Después de un minuto, las piernas de la monitora se fueron, y Hugo indicó a sus amigos que ya podían continuar.
—Pero ¿adónde vamos? —preguntó Martina.
—Shhh... confía. —Le pidió paciencia Hugo—. Ya falta poco...

La de cuarto estaba un poco impaciente y emocionada, ya que nunca se había adentrado tanto en los bajos fondos del comedor. Después de dar unas vueltas por esos túneles, se toparon con una niñita muy risueña. Estaba sentada de rodillas y tenía un pañuelo extendido en el suelo. Ella misma había diseñado un cartel. Decía: «Pastelería de la tía Molly», e iba acompañado de una pegatina de un emoji de caquita.
—¿Qué tal el negocio, Molly? —preguntó Hugo.

—Mal, topo, mal. Esto ya no es lo que era...

Según contó Hugo, antes de que se fuera la cocinera, debajo de esa mesa era como una avenida en la que prosperaba todo tipo de negocios: intercambio de cromos pasados de moda, respuestas de exámenes, apuntes con buena letra, partidas clandestinas de canicas... ¡Un lugar lleno de vida! Pero eso era antes, ahora solo sobrevivía la «pastelería» de la tía Molly, un lugar donde encontrar las cosas más repulsivas del universo: bolas de pelo, servilletas mocosas, pan seco, pan verde, pan con gusanos...

—Si sabes buscar, a veces encuentras cosas interesantes —aseguró Hugo.

Los demás se tuvieron que ir, ya que todo eso era demasiado repugnante para ellos, así que Hugo se encargó de cerrar el negocio con Molly.

—¿Qué andáis tramando? —preguntó con curiosidad la niña tendera.

—Misión secreta.

—¿Bomba fétida? ¿Vómito de pega?

—No insistas. —Y fingió cerrarse una cremallera en los labios.

—Está bien —resopló—, serán cuatro postres por todo.

—¿Cuatro? ¡Sí que han subido los precios!

—Es el mercado, amigo.

—Solo llevo un par.

—Está bien... Te haré un descuento... si me dices para qué es.

—Eres más cotilla...

El topo aceptó la oferta y le susurró algo al oído. Pagó los dos postres por toda la mercancía y se la llevó de allí envuelta en un trapo.

Primera parte del plan, hecha. ¡Perfecto! Martina ya se imaginaba los titulares del periódico:
«¡Extra! ¡Extra! ¡Sirven cola de lagarto en la escuela!».
«¡Última hora! ¡Cocinero despedido!».
«¡Notición! ¡Todo vuelve a ser como siempre!».

Ahora faltaba el paso más difícil de todos, infiltrarse en la cocina. La fortaleza inexpugnable. La guarida del malvado cocinero nuevo. Eran pocos los que habían visto su interior. Entrar por la puerta o el mostrador era imposible, ya que estaban muy vigilados.

Tal y como había contado Esteban, solo existía una vía segura: el conducto de ventilación abandonado. Estaba en el techo, en una esquina del comedor, y, si se seguía el camino correcto y se sorteaban mil peligros, se podía llegar hasta la cocina. Pero era tan estrecho que solo cabía alguien de cuarto. Martina se ofreció como voluntaria sin pensárselo dos veces.

Para no ser vistos, tendrían que llegar veinticinco minutos antes de la hora. Debían llegar incluso antes que las monitoras. Eso significaba saltarse un buen rato de clase. Por suerte, Anna tenía la excusa definitiva para poder escabullirse del aula.

—Vosotros os levantáis, le vais a la profesora y le susurráis al oído...

Lo que les dijo no tenía importancia, pero funcionó. Llegó el mediodía del gran golpe y las luces seguían apagadas y las sillas encima de las mesas. El reloj marcaba menos veintiséis minutos para la hora de comer... Tic-tac-tic-tac... Primero se presentó Martina, luego Hugo, después Anna y finalmente Esteban con la bolsa llena de cosas pestilentes. Se miraron y luego miraron el reloj, menos veinticinco minutos para la hora de comer. ¡Empezaba la acción!

Hugo se fue a vigilar. Mientras, Anna y Esteban (los más altos) hicieron una torre humana.
—Venga, pequeña terremoto, en ti confiamos —dijo el repetidor.

Martina contuvo la respiración y lo agarró de la mano para impulsarse. Les costaba mantener el equilibrio; sin embargo, Martina alcanzó la trampilla. Pero antes de poder abrirla, llegó Hugo muy alterado.
—¡Acabo de ver a Molly hablando con las monitoras! —exclamó el topo.
—¿Molly? —Dudó la pequeña terremoto.
—¿No dijiste que era de fiar? —preguntó la comadreja.

—**¡ES UNA TRAMPA!** —gritó el gato viejo.

Y perdieron el equilibrio y se derrumbaron uno encima del otro, **¡OUCH!** Para colmo, tenían delante de sus narices a las monitoras. ¡Los engancharon infraganti!

Al final, los titulares del día fueron muy distintos a los esperados:
«¡Extra! ¡Extra! ¡Vaya pillada!».
«¡Paren las rotativas! ¡Niña expulsada del comedor!».
«¡Notición! ¡Nada vuelve a ser como antes!».

Después del incidente, sometieron a los Grandes Sabios del Comedor a un duro interrogatorio en la sala de castigos. Al final, se dictó la sentencia: los expulsaron del comedor. Nunca más podrían decir que **NO** habían faltado ni un día... ¡Era el fin de una era!

Martina se pasó el castigo añorando los viejos tiempos y recordando la antigua época. Lo sencilla que era la vida y cómo solo se tenían que preocupar por pasarlo bien. Un sábado por la mañana, estaba con su mamá haciendo la compra en el mercado. Daba la sensación de que habían pasado siglos desde todo aquello, cuando la niña vio algo que le dio un vuelco al corazón. ¡Era la cocinera! ¡La original! ¡Comprando patatas en una paradita!

Corrió hacia allí y se frenó en seco delante de ella. De pronto, se dio cuenta de que ni siquiera sabía cómo se llamaba y se murió de la vergüenza. La cocinera la vio y sonrió.

—Si es la pequeña Martina, ¿qué tal?

Martina se quedó muda por completo, ¡sabía su nombre!

—Mal... me han expulsado... —Se lamentó.

—¿Y eso?

—Es que el nuevo cocinero no se entera de nada y va leeento... Y claro, todos nos quejábamos y nos pusieron vigilancia doble **¡DE POR VIDA!** Y yo quería que se fuera y me metí en un buen lío...

—Pobre hombre... —suspiró la cocinera.

«¿Pobre hombre?», pensó Martina, «¡¿cómo que pobre hombre?!». ¡Si por su culpa el comedor ahora era un desastre absoluto!
—Yo tardé casi un año en acostumbrarme a esos fogones.
—Recordó la cocinera—. Pelar, cortar, triturar, freír, hervir, salpimentar, servir... ¡No te puedes ni imaginar el trabajo que hay allí dentro!
—Ala, ¿de verdad?
—Claro, cada día era una nueva aventura. Recuerdo una vez que un horno se volvió loco y me tuve que proteger con la tapa de una olla ¡como si fuera un escudo! Y todos esos problemas los tenía que solucionar antes de que llegarais vosotros... Así que, imagínate.
—Jope, muchas gracias...
—¿Y has probado de darle las gracias también al nuevo cocinero? Estoy segura de que se esfuerza un montón por vosotros.

Martina se quedó de piedra, eso nunca se le hubiera pasado por la cabeza. Aquellas palabras la hicieron pensar durante muuuchos días. Ella se lo pasaba siempre en grande, jugaba, se metía en líos..., pero hasta ese momento nunca se había dado cuenta del montón de gente que hacía cosas por ella. Como la cocinera, que durante años le había dado de comer y era importantísima para mantener el orden cósmico del comedor, ¡y nunca le había dado las gracias! ¡Ni siquiera sabía su nombre!

Y llegó el mediodía en el que Martina volvió al comedor después de una larga ausencia. Era totalmente diferente que como lo recordaba, pero quizás la que más había cambiado era ella. Ahora estaba en quinto y ya no era la niña de siempre. Agarró el plato y se puso a hacer la cola con los demás sin armar demasiado alboroto. Por allí pudo ver a Anna... Hugo y Esteban ya no estaban, el gato viejo y el topo ahora iban al comedor de los mayores. Lo dicho, era el fin de una era.

Al cabo de un buen rato, llegó su turno. Por suerte, el cocinero no la reconoció y le puso la comida en el plato sin más. Martina se fijó bien, tardaba tanto porque iba con mucho cuidado para no ensuciar nada. Era muy meticuloso con la comida.

—Muy bien, siguiente —anunció él al terminar de servirle.

Pero Martina no se movió, se quedó allí parada.

—Gracias —respondió la niña, y se fue.

El señor se quedó a cuadros. ¡Nunca le habían dado las gracias! La niña que estaba después de Martina también pronunció esas palabras y el siguiente también y la siguiente. ¿Haría ese pequeño gesto que las cosas volvieran a ser como antes?

Pues la verdad es que

no, pero sí es cierto que el cocinero empezó a tomarse su trabajo de otra manera, sin miedo, más seguro de sí mismo y más alegre. Y en unas pocas semanas, la alegría se extendió por todo el comedor.

Y nunca nada volvió a ser exactamente como antes porque otras niñas y niños nuevos llegaron. Todas las historias de Martina y los cuatro Grandes Sabios del Comedor se convirtieron en antiguas leyendas que dieron paso a nuevas aventuras protagonizadas por otros estudiantes. Como el gran concierto de silbar como búhos o el mítico truco de la cuchara de goma, un truquillo de magia que se puso muuuy de moda durante mucho tiempo.

Cuando alguien le preguntaba a Martina si ella era la pequeña terremoto, lo negaba rotundamente. Según decía, la pequeña terremoto de verdad medía tres metros de alto, podía hacer temblar la mesa de un soplido y siempre siempre daba las gracias.

LA CASA VOLADORA

Un cuento para darle la vuelta al trabajo en equipo.

Érase una vez una de esas amistades de altura. Eran Chiro y Lino y tenían diez años y diez años respectivamente (aunque se llevaban un verano de edad). Pero, aparte de ese dato, y que sus nombres rimaban, poco más tenían en común. Y justamente en eso residía la gracia de su amistad.

CHIRO　　　　　　LINO

Por poner un ejemplo, así reaccionaría Lino ante un 7,2 en un examen:
—Oh no, ¡qué desastre!
Y así reaccionaría Chiro ante un 2,7:
—Otro para la colección...

Pero había otras diferencias importantes, como sus casas.

En la casa de Chiro, rara vez se jugaba con una pantalla; tenían un ordenador polvoriento del siglo pasado en el estudio y poco más. En su casa, se jugaba a cualquier cosa que pudieras imaginar, menos a un chisme con pantalla. Su papá y su mamá no lo veían con muy buenos ojos.

La casa de Lino era todo lo contrario. Su papá era un gran entendido en videoconsolas o algo así, y tenía una gran habitación solo para sus juegos: en cartuchos, en tarjetas, en discos, en disquetes, ¡hasta en la nube!... La casa de Lino era sinónimo de ¡jugar a la consola!

Visto lo visto, se podría decir que su amistad era como una balanza: Lino tenía el pelo liso, Chiro alborotado; Lino odiaba las aceitunas, a Chiro le encantaban; Lino casi no sabía saltar a la comba, Chiro era todavía peor... Y mientras fuera así, juntos harían el mejor equipo del mundo. Lino ayudaba a Chiro a estudiar para no suspender, y Chiro le ayudaba a pasarlo bien. A Chiro le alucinaba jugar con las maquinitas de la casa de Lino, y Lino se lo pasaba pipa en la casa de Chiro desconectando de tanta pantalla. Lino se dejaba las aceitunas, Chiro se las comía; Lino saltaba a la comba y se caía, Chiro aterrizaba detrás... ¡y así hasta el infinito!

Pero lo que no sabían estos dos superamigos era que ese equilibrio podía ser muy muuuy frágil. Tanto que su amistad acabaría volando por los aires. **¡LITERALMENTE!**

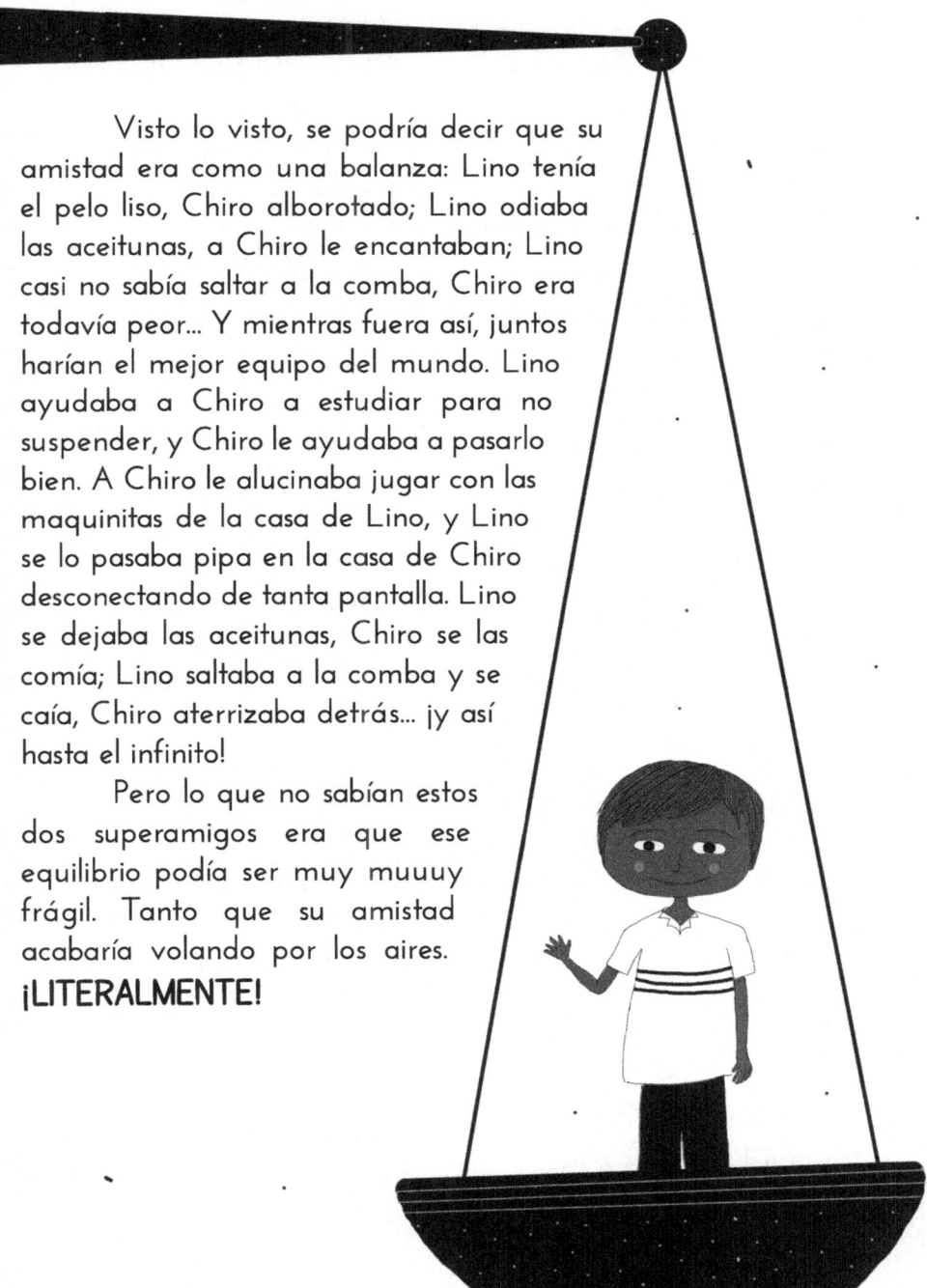

Todo ocurrió un fatídico domingo. Un domingo en el que, como de costumbre, Chiro iba a la casa de Lino para ponerse al día con los deberes del lunes. Podría parecer un plan de lo más aburrido, pero Chiro siempre iba encantado, ya que se había dado cuenta de un pequeño detalle. El padre de Lino, todos los domingos sin falta, se pegaba una siesta de campeonato. Con ronquidos que también eran de campeonato. **GRRRRRRRRR... GRRRRRRR...GRRRRRRRRR...** Eran tan fuertes que al principio Chiro pensó que habían adoptado a un león.

Pero esos ronquidos también significaban que podían entrar en su habitación de los juegos y **JUGAR A TODO.** ¡Incluso, a lo que estaba prohibido tocar sin permiso! Para Chiro, las tardes del domingo se habían convertido en lo mejor del fin de semana.

Chiro llegó a la casa de Lino y, sin ni siquiera saludar, tiró la mochila en el suelo y se fue como un misil teledirigido a la habitación de los juegos. Pero antes de abrir la puerta, afiló bien el oído.

—**GRRRRRRR... GRRRRRR...** —Roncó el papá de Lino.
—Perfecto... —susurró el niño fregándose las manos.

Abrió de par en par la puerta, y lo que vio allí dentro le dejó maravillado, ¡una consola nueva! ¿Qué clase de máquina era esa? Se tuvo que frotar los ojos, ya que no se lo creía. Lino se apresuró en llegar para poner orden.

—Primero de todo, hola. Segundo, no la mires así, no vamos a jugar.
—¿Cómo se llama esta monada? —dijo Chiro con estrellitas en los ojos.
—Turbo Blast MaquineitorX3.
—¿Turbo Flai qué?

Chiro no entendió ni papa, pero, fuera lo que fuera, ¡LUCÍA IGUAL QUE UNA NAVE ESPACIAL!
—Es un simulador de vuelo hiperrealista, el que usan de verdad los pilotos para practicar.
—Yo quiero.... —murmuró mientras caminaba como un zombi hacia la máquina.
—No, Chiro, ¡en serio!
El Turbo lo-que-fuera constaba de tres pantallas panorámicas gigantes, un asiento especial, tres joysticks, dos volantes, un panel con cien botones, ¡y hasta tenía pedales!
—Venga, que nos esperan las multiplicaciones de dos cifras.
—Una partida —pidió Chiro con ojos de corderito.
Lino lo agarró del brazo y lo estiró para sacarlo de allí, ya que Chiro se negaba a salir por su propio pie.
—Solo uuuuuuuna —suplicó aguantándose en el marco de la puerta.
—Que no —respondió tajante—, es muy nueva, es muy cara y está muy prohibida.
—Una, una, una, una, una, una, una —repitió como una taladradora.
—No, no, no, no, no, no.

Y con mucho esfuerzo, Lino consiguió sacarlo de ahí y cerró. En un pispás se fueron al comedor y prepararon los deberes de matemáticas del lunes. Con la merienda y los codos encima de la mesa, se pusieron a estudiar en silencio. Estaban tan concentrados que se escuchaba el tictac del reloj y los ronquidos del papá de Lino de vez en cuando. Con ese murmullo de fondo, Chiro solo podía pensar en jugar y se aburría un montón. Sin prestar atención a los deberes, agarró la regla de diez centímetros y la colocó en el borde de la mesa. Con el dedo, la dobló todo lo que pudo y cuando la soltó: ¡pwaaawuauaaau! Sonó igual que un instrumento.
—¿Puedes parar, por favor? —le cortó Lino, tajante.
—Pruébalo, ya verás, es divertido, je, je, je. —Se rio como un tontaina.

¡Pwaaawuauauu!, repitió. Su amigo le dedicó una mueca, pero al final se animó a intentarlo. Agarró su regla y copió lo que hacía Chiro. ¡Pwaawaauuauuu!
—Je, je, je. —Se rio Lino también.
—¡Mira, mira esto! —dijo Chiro superemocionado.

Agarró una goma de borrar y la colocó en el extremo de la regla. La presionó con el dedo todo lo que pudo.

—¡Listos para el despegue! —anunció.

Y cuando la soltó, ¡pwaawaauuauuu!¡Fiiiiiu! ¡Salió volando!

—Je, je, je, je, je, je, oink, je, je, je, je.

Pero esa goma debía venir de un circo o algo porque rebotó en una lámpara, luego en una estantería, después en la pared y, finalmente, ¡plaf!, ¡se metió justo dentro del zumo de Lino! El vaso se volcó y le ensució toda la camiseta.

—¡NOOOO! —gritó Lino.

—¡Perdón, perdón! —se disculpó su amigo.

Se acercó para limpiarle, pero todavía lo pringó más.

—¡Déjame en paz!

Y Lino se fue corriendo al baño a limpiarse.

—Esto no se va ni con lejía —murmuró para sí mismo.

Chiro se quedó solo, en silencio y avergonzado por su metedura de pata. ¡Pwaawaauuauuu!, repitió.

—Je, je, je...

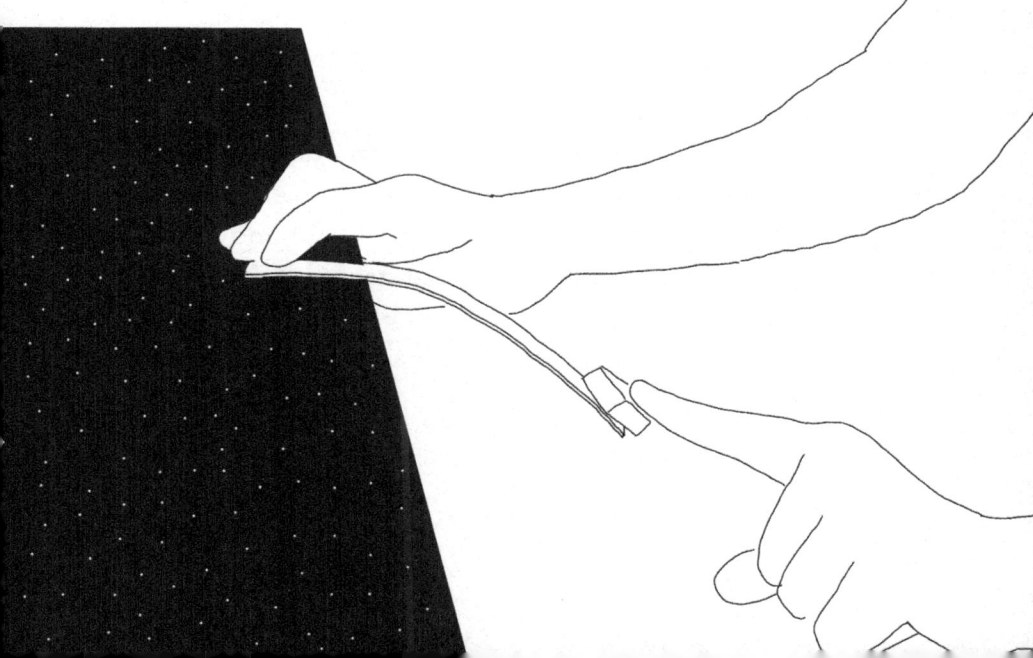

Pero otro ruido le alertó, **GRRRRR... GRRRR...** Esos ronquidos le recordaron algo..., ¡la consola nueva! ¡La Turbo Flopins o como-sea! Además, Lino estaba en el baño y no podía decirle que no. Técnicamente, no estaba haciendo nada malo. Sin pensárselo más, se fue como un rayo hasta la habitación de los juegos. Se dispuso a abrir la puerta, pero una vocecita le distrajo.
—Hola, Chiro.
¿Cómo es que Lino se había limpiado tan rápido?, se preguntó enfadado. Pero esa no era la voz de su amigo, era la de Kiara, su hermanita. Tenía solo cinco años, pero era endiabladamente astuta y muy habladora.
—¿Ya habéis terminado los deberes?
—¿Los deberes? ¡Ah, sí! Y tu hermano me deja jugar.
—¿Seguro?
—No me ha dicho que no... Se lo puedes preguntar tú, pero, claro, ahora está en el baño...
La niñita dudó unos segundos.
—¿Y a qué quieres jugar?
—Al Turbo Pachi Juanitos —respondió Chiro muy convencido.
—¿A qué? —Ella no entendió nada.
—Ven, ven, a este.
Podría parecer que Chiro había engañado a Kiara, pero ¡fue justo al revés!, ya que ella también tenía ganas de jugar y necesitaba el permiso de un mayor. Chiro abrió la puerta y rápidamente se acomodó en el asiento especial de la consola.
—¿Seguro que podemos? —Se acercó ella con curiosidad.

ESTOY SEGURO AL MENOS CIEN POR CIEN.

GUAU, ESO ES MUCHO...

Y Kiara se puso junto a él a pulsar botones. De tanto manosearlo, al final las pantallas se encendieron. Ahora se veía un avión que cruzaba un cielo lleno de nubes y estaba acompañado de un cartel muy llamativo: «BIENVENIDO».
—¡SÍ!
—¿Tú sabes usarla? ¡Ayer mi papá me enseñó! —presumió ella.
—Ya verás; sí, sé.

Y el niño tocó todos los botones a la vez con la palma de la mano. En la pantalla saltó un mensaje que parecía importante, ya que estaba lleno de símbolos y caritas sonrientes.
—«¿Desea instalar la última actualización para la experiencia de vuelo definitiva? Sí o no». —Chiro lo leyó en voz alta—. ¡**SÍ, QUIERO!** —se respondió a sí mismo.

Quiso pulsar el «Sí», pero la pequeña Kiara se lo impidió.
—¡Mira, mira! —Señaló una esquina de la pantalla.

Debajo del aviso, había unos emoticonos de calavera y una letra pequeñita que apenas se leía. Chiro se acercó para poder ver bien qué ponía.
—«Aviso importante, blablá, actualización experimental, blablablá... Para su seguridad, lea atentamente las instrucciones...», bueno, da igual. —Se cansó Chiro.
—Yo lo leería antes; si supiera leer, claro.
—Kiara, todavía eres muy joven, pero algún día descubrirás que todos estos avisos de internet nunca nadie los lee, ni siquiera los que los escriben.

Y sin pensárselo dos veces, pulsó el «Sí». En un segundo apareció otra ventana que anunciaba: «**ACTUALIZANDO...** 10 %, 28 %, 46 %, 64 %».
—Venga, venga, venga, venga. —Se impacientó Chiro.

Y al llegar al 100 %, se escuchó ¡creeeeeeek!, y todo tembló un poquito.
—Caray, tu papá... Debería ir al médico a mirarse esos ronquidos.

Mientras tanto, en el pasillo resonó la cadena del váter y Lino salió del baño más relajado por haberse limpiado la camiseta (y vaciado el depósito). Se fue directo al salón para terminar con esas entretenidas multiplicaciones, pero al llegar, algo lo alertó.
—¿Chiro?

Dio unos pasos, pero era como que le costaba mantener el equilibrio. Miró hacia la ventana y se percató de un pequeño detalle que le pareció curioso. Eso sí que era raro... Ellos, de toda la vida, tenían delante un edificio marrón, no unas increíbles nubes blancas. Abrió la ventana un momento y **¡FUUUUU!** Una bocanada de aire entró y revolvió todos los papeles de la mesa. Cerró de un golpe, se apoyó de espaldas al paisaje y respiró muy nervioso. ¿Qué estaba pasando allí? Hasta que, de pronto, un temblor le hizo caer de culo al suelo.
—Je, je, je, je, je, oink, je, je, je, je —se escuchó desde la habitación de los juegos.
—¡Qué realista! —gritó Kiara.

Lino se puso en pie y corrió hacia allí hecho una fiera. Y lo que vio todavía lo enfadó más: su mejor amigo y su hermana estaban jugando con la consola nueva que no se podía tocar.
- ¡Chiro! ¡Kiara!

Los dos se llevaron un buen sobresalto.

—De Chiro me lo esperaba, pero de ti, Kiara... —Se decepcionó Lino.

—Eh, me ha dicho que teníamos permiso —se defendió la niña.

—¿Y tú te lo has creído?

—Claro, ¡soy una niña de cinco años! Me lo creo todo —argumentó ella.

—Venga, bah, fuera, fuera.

Lino los espantó sacudiendo la mano y tomó el control del juego. Observó las pantallas con interés. Se podía ver cómo se alejaban de su propio barrio en miniatura.

—Caray, sí que han mejorado los gráficos...

No se lo pensó dos veces y su dedo fue directo al

botón de apagar, pero al pulsarlo... ¡Toda la casa hacía bajada!

—¡AAAHHHH! —gritaron los tres a la vez.
—¡Enciéndelo! ¡Enciéndelo! —pidió Chiro.

Lino pulsó el botón de encendido y la casa se volvió a poner derecha, pero todos los juegos y cachivaches de las estanterías se cayeron y se armó un buen follón.

—¡¿Qué está pasando?! —El niño estaba muy nervioso.
—¡Mirad!

Kiara se había subido a unas cajas para poder ver a través de la ventana, entonces los dos mayores se acercaron junto a ella. ¿Cómo era posible?

—Esto es terrible. —A Lino la cara se le puso blanca.
—Esto es increíble. —A Chiro le brillaron los ojos con destellos.

¡Habían abandonado la tierra! La casa estaba volando entre las nubes a toda velocidad y su ciudad se veía tan pequeña que los coches parecían hormiguitas.

—Pero ¿qué habéis hecho? —Lino casi se desmaya del mareo.

—Ha sido este. —Se chivó Kiara—. Que ha instalado una actualización sin leer el aviso.

—¿Una actualización? ¿Qué actualización?

—Vale, me declaro culpable —reconoció Chiro.

La discusión no se alargó mucho, ya que la casa dio una sacudida y Lino se apresuró a volver a los mandos.

—Tenemos que aterrizar antes de que papá se despierte.

—Entonces nos quedan dos horas y veinte minutos —aseguró su hermanita.

—¿Alguien sabe cómo funciona? —dijo Lino sin saber muy bien qué botón tocar.

Kiara levantó la mano, pero Chiro se lanzó en medio de los controles para evitar que Lino tocara nada.

—¡NOOOO!

Y terminó rodando por el suelo como una croqueta.

—¿Qué te pasa?

—¡Es que no lo veis!

Chiro señaló las pantallas; se podía contemplar una bonita estampa con el cielo azul, las montañas, el mar y el sol de fondo.

—¡No todos los días tu casa se convierte en un avión! ¡Somos libres! ¡Vayamos al Polo Norte! ¡O al pico de esa montaña! ¡O podemos ir a visitar a los delfines del mar! ¡PO-PODEMOS IR ADONDE QUE-QUE-QUERAMOS! —Chiro estaba tan entusiasmado que las palabras se le trababan.

—¿Tú estás loco? Lo que tenemos que hacer es volver, ¡y cuanto antes!

—No me creo que seas así de aburrido.

—Ya lo hemos hablado, yo no soy aburrido. ¡Soy prudente!
—¡Y un pelmazo! Déjame a mí.

Y Chiro trató de quitarle el sitio a codazos.

—¿Pelmazo yo? ¿Pelmazo yo? ¡Y tú eres un manta! —Le dio también unos codazos.
—¿Manta? Pues tú eres más soso que una acelga.
—Eh, vosotros —dijo de pronto su hermana.
—No estás capacitado para pilotar. ¡Si incluso suspendiste el examen de atarte los zapatos!
—Eso..., eso no es del todo cierto, ¡y lo sabes! —Se avergonzó Chiro.
—Eh, escuchadme —repitió la niña.
—¡Por tu culpa estamos en este lío!
—¿Por mi culpa? ¡Gracias a mí! —Sacó pecho.
—**¡HACEDME CASO!** —chilló la niña.

Los dos amigos dejaron de discutir y miraron a la niña con mala cara.

—**¿QUÉ!?** —gritaron a la vez.
—¡Pero no me miréis a mí! —Señaló las pantallas.

Con tanta discusión, no se habían dado cuenta de que se iban directos a un nubarrón monstruoso cargado de relámpagos. ¡Hasta resonaban los truenos! Rápidamente Chiro agarró el volante principal para girar.

—No, yo. —Se lo impidió Lino.
—Yo sé más.
—¿Tú qué vas a saber?

Kiara se puso las manos en la cabeza, ¡por su culpa, el nubarrón los engulló! **¡GLUP!** Las pantallas se apagaron y todo se oscureció. De repente, los espetó un rayo. **¡CRAAASH!**

—¡AHHH! —gritaron los dos, abrazados.
Las turbulencias hicieron zozobrar la casa, y los niños se asustaron tanto que se convirtieron en una bolita con sus camisetas. ¿Sería este su final? Y se mantuvieron así un rato, hasta que mágicamente todo se tranquilizó y volvió a salir la luz del sol. Incluso se escuchaban los pajaritos cantar. Lino fue el primero en echar un vistazo. ¡Qué desastre! ¡Estaba eso que parecía una leonera!
—GRRRRRR... —se escuchó.
—¡Es que no va a terminar nunca! —gritó Chiro, que seguía en forma de bolita.
—Eso no es un trueno, son los ronquidos de mi papá. —Le tranquilizó la niña.
—Uff... —Respiró aliviado y sacó la cabeza de la camiseta cual tortuga.
—¿Estáis todos bien? —preguntó Lino.
Los tres se pusieron en pie y se sacudieron el polvo. Después de tantos trotes, no lamentaron ni un hueso roto.
—¿Nos hemos parado? —preguntó Chiro.
—Creo que sí... —respondió su amigo.
Lino se fijó en que las pantallas estaban apagadas y se fue a la ventana para mirar, pero a cada paso que daba, el suelo se inclinaba un poco más.
—Mmm...
El niño volvió sobre sus pasos y la habitación se volvió a enderezar.
—Esto es muy raro... —Se rascó la barbilla.
—¿Ardillas? —Kiara señaló la ventana.
Detrás del cristal, había dos ardillas que miraban a los niños con incredulidad.
—Quietos todos... —ordenó Lino.
Los roedores de la ventana seguían observando a

esos extraños animales que se habían plantado en su casa.

—¡Hemos aterrizado en el planeta de las ardillas! —Se asustó Chiro.

—¡Que no! —le corrigió Lino—. ¡Estamos en la copa de un árbol!

—¿En la copa? —Chiro no lo entendió.

—Sí, justo en medio, ¿lo comprendes o te hago un dibujo? —le aclaró.

—¿Cómo, así? —preguntó la niña.

Kiara estiró el dedo índice y colocó la palma de la otra mano encima, justo en medio. Al ver ese ejemplo, Chiro lo comprendió al fin.

—Exacto.

—Pues ya es **MALA** suerte —dijo Kiara alucinada.

—Un paso en falso y nos estrellamos contra el suelo...

Efectivamente, la casa se encontraba en lo alto del abeto más larguirucho del bosque. ¡Parecía el nido de un pájaro gigante!

Lino, caminando superlentamente y de puntillas, se sentó en el asiento especial. Pese a las precauciones, todo se movió un poquito. Era una situación de máximo riesgo. Pulsó el botón de encendido repetidas veces, pero, por el ruido que hacía, no terminaba de arrancar. Intentaba subir, pero se quedaba atascado.

—Estamos encallados... —insistía él dando volantazos.

Lino paró un momento para analizar la situación, y, sin tocar nada, la casa empezó a tambalearse de lado a lado.

—¿Qué pasa ahora?

—Je, je, je, je, je. —Se reía Chiro.

El niño de pelo alborotado estaba en medio de la habitación balanceándose de aquí para allá, como si estuviera encima de una tabla de surf.

—Je, je, je, je, je, oink, je, je, je. —Se seguía riendo.

—¡¿Puedes parar, Chiro?! **¡¿NO VES QUE TENEMOS PROBLEMAS?!**

—Perdón... —Y dejó de hacer el animal.

—¿Es que no piensas antes de hacer las cosas? ¡Eres un desastre! Y luego me toca A MÍ arreglar TUS problemas, mientras tú te quedas ahí haciendo el bobo y molestando.

—Lino estaba fuera de sus casillas.

Chiro bajó la mirada avergonzado. Quiso responder algo, pero como no le salieron las palabras, se escondió dentro de su camiseta.

—Como antes, que has lanzado la goma volando como si la regla fuera una catapulta y lo has puesto todo perdido de...

Y de pronto, al oír sus propias palabras, a Lino se le iluminó una bombilla en la mente.
—¡Chiro, eres un genio! —afirmó él.
—¿Yo? —Su amigo sacó la cabeza de la camiseta.
—Pwaaauaauauuaauuu —imitó el sonido de la regla.
Al escucharlo, a Chiro también se le encendió una bombilla. Como la casa estaba enganchada al árbol, si la inclinaban lo suficiente..., ¡acabaría volando igual que la goma!
—¿Pwaauau? —repitió la hermana—. ¿De qué va esto?
—Es muy largo de explicar, tú síguenos —le propuso Chiro.
—¿Para hacer qué? —Seguía dudando ella.
—Síguenos, de verdad —le animó ahora Lino.
—¿Me dejas intentar una cosa? —pidió ella.
Pero Lino no le escuchó y le tendió la mano para agarrarla. Kiara resopló y aceptó participar en el plan de su hermano. Pusieron sus brazos en jarra e hicieron una cadena humana.
—Tenemos que unir nuestro peso y correr hacia la ventana, ¿vale? ¡A la de tres! Una, dos y... **¡TRES!**
Corrieron hasta un extremo de la habitación y, por su peso, la casa se inclinó, pero no lo suficiente.
—Otra vez.
Y corrieron hacia el otro lado y ahora se inclinó un poquitín más, pero todavía no era suficiente.
—¡Otra vez!
Y corrieron hasta el otro extremo de la habitación y la casa se inclinó algo más, pero seguía sin ser suficiente.
—¡LA ÚLTIMA!
Y corrieron una vez más al otro lado. Entonces la casa se inclinó tanto que el techo y el suelo eran las

paredes, y las paredes eran el techo y el suelo.
—¡Agarraos a algo! —advirtió Lino.

Como si fuera la goma de borrar, la casa, ¡fiuuuuuu!, salió disparada y el árbol hizo ¡pwaawaauuauuu!, ¡pero a lo bestia! Después de unas turbulencias, la casa-avión recuperó el rumbo en el cielo.
—¡Lo hemos conseguido! —Chocaron de manos los dos.

Pero tuvieron tan mala suerte que volvieron directos al nubarrón con tormenta.
—¡AHHHHH! —chillaron los dos a la vez.

Kiara se hartó de ese par de petardos y tomó ella el asiento especial de piloto. La niña puso la mano debajo del asiento y sacó unas gafas de sol y una elegante gorra de capitana. Se las colocó con mucho estilo y agarró el volante. En un par de segundos, esquivó el nubarrón y mantuvo la situación bajo control. Pulsó un par de botones y se escuchó el sonido de una radio.

—Aquí Tango Charli a Torre de Control, ¿me recibes? —dijo la niña-piloto.

Su hermano y su amigo estaban tan boquiabiertos que sus barbillas casi tocaban el suelo.

—Vaya, pues no hay señal... —continuó ella—. Bueno, da igual.

Hizo una maniobra y, al cabo de unos pocos minutos, ya se podía divisar su ciudad. Luego su barrio, su calle y, con unos toques al volante y tirando un par de palancas, ¡consiguió aterrizar! La niña miró a los mayores y se levantó las gafas de sol.

—Bueno, mi trabajo aquí ha finalizado. Ahora os toca a vosotros recoger este desastre.

Al dar tantas vueltas por ahí, toda la casa estaba patas arriba. ¡No había nada en su sitio! Igualmente, la niña pasó de todo y se fue de allí tan pancha a hacer otra cosa. Los dos niños se quedaron con tres pares de narices.

—GRRRRRR... GRRRR... —se escucharon unos ronquidos.

Después de todo el alboroto, ¡no se había despertado! ¡Increíble!

—¡Como tu papá vea todo este lío, se va a enfadar, y mucho!

Y Chiro fue el primero en poner orden a todo ese

lío.
—Chiro, espera... —Le paró Lino—. Creo que antes me he pasado.
—Ah, ¿eso? Tranquilo, ya está olvidado. Además, tú mismo lo has dicho, soy un genio. YO nos he salvado.
—¿Tú? ¡Si ha sido idea mía!
—Bueno, bah, de los dos.

Y de charla se pusieron a recoger. Caja arriba, cartucho abajo, un mando por ahí, una consola de vuelta en su sitio... Mano con mano, consiguieron poner orden mucho más rápido que lo que podrían haber imaginado. Además, nada se había roto, ¡ni siquiera un plato de la cocina! Con un poco de suerte, nadie se daría cuenta de lo ocurrido. Fueron tan veloces que incluso les sobraron unos minutos antes de que el papá de Lino despertara de su profundo sueñecito de mediodía. Con el trabajo terminado, volvieron a resolver las multiplicaciones de dos cifras tal y como las habían dejado antes de vivir esa aventura.

—Oye, ¿tú qué crees que hemos aprendido de todo esto? —preguntó Lino.

—Oh, sí. No instales nunca nada sin antes leer bien las advertencias —contestó su amigo, convencido.

—¡No!

—Ah, ¿no? ¿Y qué has aprendido tú?

Lino quiso responder, pero de pronto...

—GRREAAAARR... UAAAAAAAA... COF, COF... MPSAP, MSPAP.

¿Qué era eso? ¿Otro despegue? No, falsa alarma. Era el papá de Lino que abrió los ojos al fin. Se plantó en el comedor despeinado y rascándose el trasero.

—¡Hola, familia! He tenido un sueño más raro... Estaba en una montaña rusa y... es que parecía tan real.

A Chiro y a Lino se les escapó una carcajada.

—Y... ¿Qué os hace tanta gracia? —continuó el padre

—Perdón, que no he visto que estabais estudiando. Bueno, pues yo voy a jugar a la consola nueva que me he comprado.

—¡NO! —gritaron los dos a la vez.

EL EXPERIMENTO

Un cuento para darle la vuelta a las amistades.

Una clase de un curso de quinto puede parecer muy tranquila. Con sus pupitres, su mesa para el profesor, la pizarra, los colgadores... Pero la realidad es muy distinta. ¡Uy, si lo es! Y es que cuando llegas a tu sitio y te sientas, descubres que existe otro mundo. Un mundo que está delante de las narices de la profesora, pero ella ni se entera. Sabéis de qué hablo, ¿verdad? Lluvias de papelitos con secretitos, grupitos irrompibles como la roca, cuchicheos que se lleva el viento...

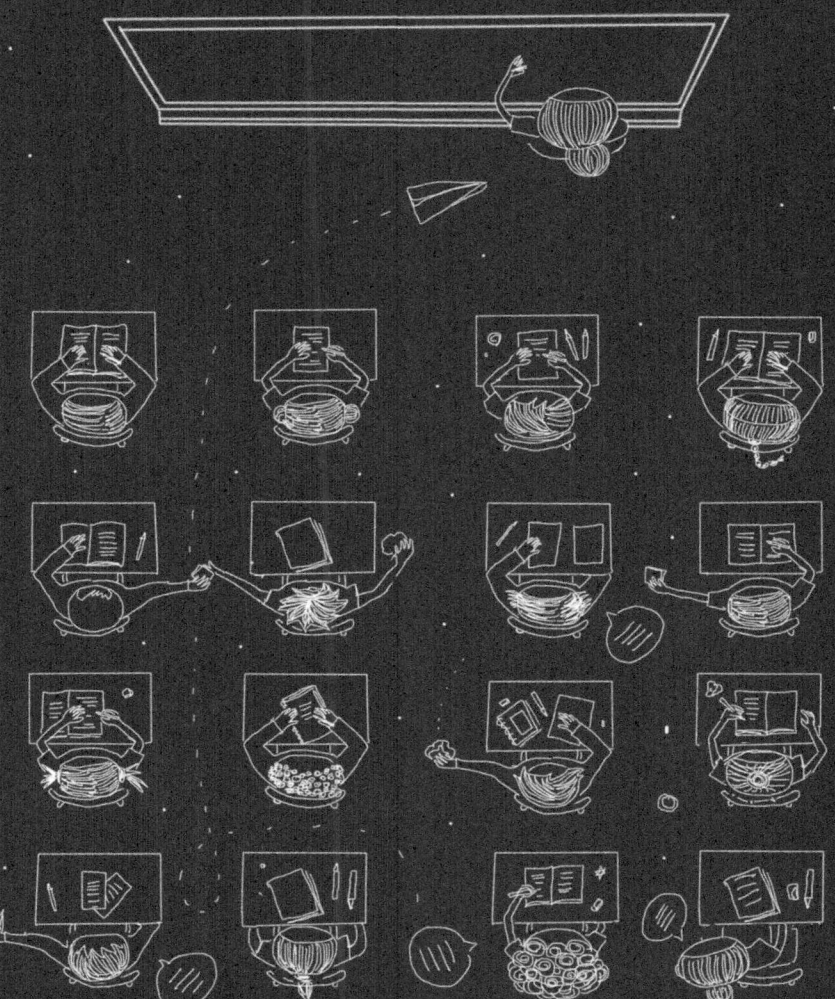

dentro, y el de la mía era así:

A primera fila estaba el bosque de los estudiosos. Los llamaba así porque tenían siempre la mano levantada dispuestos a responder. ¡Parecían árboles! Amalia era la reina de la primera fila. La **MÁS** sabelotodo de la clase. Una enciclopedia con patas que ni siquiera necesitaba buscar las cosas en internet.

En el fondo estaba la gran cordillera de los traviesos, donde se sentaba Duarte, el temible. ¡El enemigo número uno de los estudiosos! Un experto lanzador de aviones de papel y capaz de soltar una pedorreta en el momento más inoportuno. También había islas de copiones, ríos de cotillas que lo querían saber todo...

Y en medio de este remolino, estaba yo, Chica, la que no encajaba en ningún lugar. ¡Si fuera una gota de agua, no encajaría

ni en el mar, seguro. Igualmente, lo reconozco, tampoco era una niña fácil. Me gustaba mucho pensar y reflexionar, quizás demasiado. Le daba vueltas a eso y a lo otro, e intentaba comprender **TODO** lo que pasaba a mi alrededor... Eso sí, hablar, lo que es hablar, no se me daba tan bien. Según mi abuela, era tan tímida como curiosa. Bonita manera de describirme. Y cuando iba a quinto, pues me había acostumbrado a todo eso. Saltar de un pupitre a otro, observar el ecosistema de la clase sin llamar la atención, no salpicarme por los jaleos y sacar notas más o menos normales (ese punto era importante, ya que si, además de no tener amigos, suspendía, en casa se preocuparían de verdad).

Quizás no era un mundo perfecto, pero después de darle mil vueltas, llegué a la conclusión de que era mejor eso que algo desconocido. Y fue así hasta que un viernes, antes de terminar las clases, la profesora de Naturales metió la pata hasta el fondo. Faltaba poco para que sonara el timbre, cuando escribió en la pizarra unas palabras que me cambiaron la vida para siempre: «El ciclo del agua».

Bueno, no, eso no fue lo que cambió mi vida, fue lo que dijo luego.

—Para el lunes, quiero que hagáis un trabajo muy divertido.

En realidad, eso tampoco fue lo que me cambió la vida. Hacer trabajos de ciencia no se me daba mal (y contaba con una ayuda secreta para sacar mejores notas, je, je). Además, el experimento era muy interesante, ya que, según nos contó, íbamos a hacer lluvia. **LLUVIA**. Pero lo que dijo después SÍ que de verdad me cambió la vida.

—El trabajo va a ser en grupo.

¡No! ¡Eso sí que no! Qué vergüenza... Todo el mundo iría con sus amigos y yo... ¡Calma, Chica! ¡Calma! No era el fin del mundo. Me quedaría sin decir nada, haría el trabajo sola el fin de semana y ya me inventaría alguna excusa el lunes. No era la primera vez que me pasaba. Pero es que luego la profesora dijo otra cosa que, esta vez sí que sí, cambio mi vida para siempre de los siempres.

—Los grupos los voy a hacer yo.

Toda la clase contuvo la respiración. ¿Cómo se había atrevido a pronunciar esas palabras? La profesora estaba dispuesta a agarrar nuestro mundo y ponerlo del

revés. Y, sin que me diera tiempo a sacar el aliento, empezó a detallar los grupos.
—Alessandro, Sílvia y Pol.

¡Ufff, salvada! Qué suerte no ir con esos. ¿O quizás era mala suerte? ¡Qué rápido ocurría todo! ¿Con quién me tocaría a mí? Y ya lo que dijo después no solo me cambió la vida a mí, también a toda la clase.
—Duarte, Amalia y...

Todo se llenó de murmullos. ¿Qué pintaban la más lista y el más malote en un mismo grupo? ¡Si no se podían ver ni en pintura! Pero lo que dijo después, uy, lo que dijo después...
—Y Chica.

¡BOOOM! Me explotó la cabeza. O sea, ¿¡CÓ-CÓ-CÓMO!? ¡Eso no me podía estar pasando! De pronto todas las miradas se posaron en mí. ¿Se supone que tenía que saludar? Genial, ¡mi peor pesadilla hecha realidad!

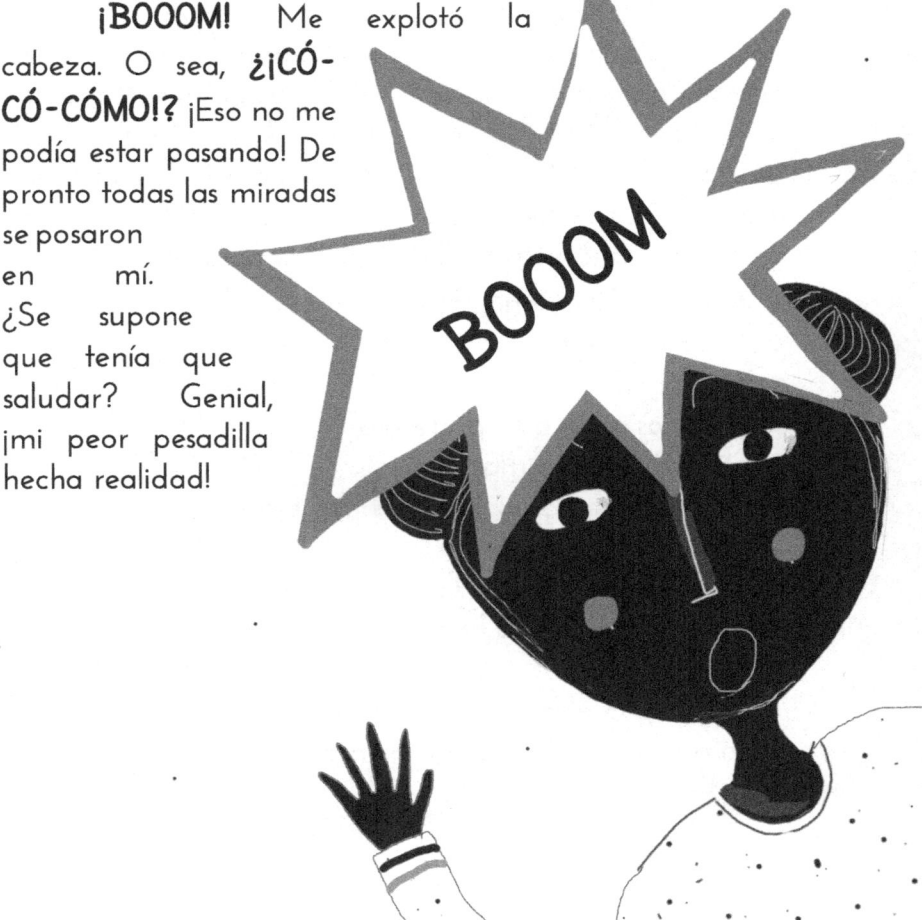

—¿Y si no queremos ir con nuestro grupo? —Levantó la mano Amalia.

«¿Y si no queremos ir en ningún grupo?», pensé yo.

—Entonces no podrás hacer el experimento y te llevarás un cero.

Amalia se quedó muda igual que yo. La profesora siguió con el resto de los grupos y luego explicó mejor cómo hacer el trabajo y todo eso. Al final, era hacer lluvia, pero dentro de una bolsa, ¡qué decepción! Pero igualmente, yo ya no pude prestar más atención. Tendría que pasarme el fin de semana con Duarte, el temible, y Amalia, la sabelotodo, si no quería suspender. Demasiadas cosas en las que pensar.

Al final, no sé cómo, sonó el timbre y yo salí de la escuela para ir a mi casa. Se me ocurrió que a lo mejor a todos les había dado un ataque de amnesia y nadie se acordaría del dichoso ciclo del agua y los dichosos grupos. Pero no fue así, ya que, al alejarme dos pasos de la escuela, una voz me llamó por mi nombre.

—¡Chica! ¡EH! ¿Dónde te crees que vas? —me preguntó Amalia enfadada.

—Yo, yo...

—¿No has oído a la profesora? Y a saber dónde se ha metido Duarte, el maloliente.

—Eh, tú, no te pases. —El más travieso de la clase se unió a nosotras.

Amalia le dedicó una mueca y yo levanté la mano para saludar, pero lo hice tan bajito que seguramente no lo vio.

—Mira —dijo el niño con tono chulesco—, tú no me caes bien a mí y yo no te caigo bien a ti. Y a ti no te conozco demasiado... ¿Os creéis que estaría aquí de cháchara con vosotras?

Mira, en eso coincidíamos.

—Pero necesito sacar buenas notas.

En eso también.

—Pues yo no me conformo con buenas notas, quiero un **EXCELENTE**. Así que, si tú también lo quieres, tendrás que hacer lo que yo diga. ¿Entendido?

—Sí —respondió obedientemente.

—**LOS DOS**.

—Yo, yo... —tartamudeé.

—Puede parecer un experimento fácil, pero **NO LO ES**. Así que lo haremos mañana en tu casa, Chica.

¿EN MI CASA?
—ME ASUSTÉ.

¿Cómo sabía siquiera si vivía en una casa? ¿Y si vivía debajo de un puente? ¡Eso sí que no! En mi casa pasaban cosas raras que solo yo entendía y que no quería que nadie más viera. No existía ningún motivo por el que ir allí para hacer un trabajo de Naturales.
—¿Te crees que no lo sé? Tu abuela es una científica muy famosa. **JA**.
Glups, habían descubierto mi pequeño secreto para aprobar los trabajos de ciencias...
—Ya, sí..., pero es que, es que no está, ¡se ha ido de viaje! —argumenté.
—¿Te crees que no lo sé? Tu abuela está en un pueblo de las montañas en una reunión muy importante sobre el cambio climático.
¿Cómo podía saber todo eso?
—Por eso, entraremos en su laboratorio y solo usaremos lo necesario para que nuestro experimento sea mejor que el de nadie.
—Me gusta tu plan, Amalia.
Vaya, vaya, pues qué bien, esos dos se habían aliado, ¡pero en mi contra! Lástima que no me salían las palabras.
—¡Nos vemos mañana entonces! —Y se fueron.
Menuda manera de enredarme. No solo tenía que hacer un trabajo en grupo, ¡lo haríamos en mi casa! ¡En el laboratorio de la abuela! Las cosas no me podían ir peor...Pensando en todo eso, pasaron las horas hasta que, no sé cómo, sonó el timbre. Eran ellos, Amalia y Duarte. Había transcurrido un día entero y se me había pasado

volando. ¿Por qué a veces el tiempo iba tan lento y a veces tan rápido? ¿Se supone que les tenía que servir algo de comer? El timbre volvió a sonar y al final fue mi madre la que abrió.
—¡Chica! ¡Ya han llegado! —me gritó—. Hola, ¿qué tal estáis?
—Ho-hola —Duarte era muy tímido con las madres.
—Con muchas ganas de **TERMINAR** el trabajo, la verdad —rechistó la niña.
—Ah, qué bien, qué bien..., pues hacía mucho que Chica no invitaba a unos ami...
—Ay, mamá, ya. No seas pesada —Llegué yo antes de que eso fuera a peor.
Con mi madre sí me atrevía a hablar, ¡y mucho! (y discutir también).
—De acuerdo, de acuerdo... Si necesitáis algo, estaré en el despacho.
—Sí, sí, adiós.

Y se fue. Me quedé frente a ellos y empecé con el discurso que me había preparado.
—He estado pensando... que, que el laboratorio de mi abuela, si no está ella... Pues mejor, mejor... que no... Es muy peligroso, ¿sabéis? Está lleno de cosas tóxicas y que cortan. Mejor vayamos a otro sitio.
—Por cierto... —Volvió mi madre—. Ya sabéis que podéis entrar al laboratorio de la abuela, ¿verdad? ¡Usad tooodo lo que queráis, sin miedo!
—¡Mamá! ¿No es un poco imprudente? Unos niños de quinto jugando con cosas extrañas...
—Qué va, tu abuela sabe lo que se hace y lo ha dejado apto para niños. Y venga, no os quedéis en la puerta, pasad, pasad.

Y de un plumazo, nos plantamos los tres en el laboratorio de mi abuela. Era grande y muy oscuro, hasta que encendí la luz. Estaba lleno de mesas, chismes con cables, maquinitas raras con muchos botones, tubos y tubitos... ¿Quién tiene esas cosas en la casa? ¿Por qué toda mi familia era tan «especial»? Quizás por eso me daba vergüenza presentarme a los demás. Pero a Amalia y a Duarte todo eso no les asustaba como a mí, ¡les encantaba!
—¡Tu abuela es increíble!

—Mira esto —dijo Duarte con un guante que se puso en la cabeza como si fuera un gorro.
—¿Y qué me dices de esto? —respondió Amalia con una lupa en la cara que le hacía un ojo gigantesco.
—Ejem... —Tosí yo—. ¿No deberíamos centrarnos en el experimento?

Amalia dejó de jugar con los cachivaches que había por ahí y se puso muy seria.
—Tienes razón, qué comportamiento el mío.
—Por cierto, ¿de qué va? —Dudó Duarte.
—No te enteras de nada, ¿eh?

La verdad es que yo tampoco había prestado mucha atención y no tenía muy claro de qué iba. Por suerte, la niña que lo sabía todo nos lo resumió. Teníamos que poner agua un poco caliente en una bolsa de plástico hermética (una de esas que se pueden cerrar como con una cremallera). Luego, colgarla en una ventana con cinta adhesiva y apuntar en un papel todo lo que ocurría dentro. Era un experimento de observación.

—Qué estupidez —se quejó el niño travieso.

—No es una estupidez, se llama el ciclo del **AGUA**.

—Pero si es taaan fácil, ¿por qué hemos venido aquí?

—Seguro que tu abuela tiene muchas cosas interesantes.

Si queremos un trabajo sobresaliente, podemos decorarlo un poco. Podemos pintar unas nubes o poner colorante en el agua para que sea más bonito.

—¡O pinchar la bolsa con un láser! —soltó Duarte.

—No, eso no.

Y sin que yo pudiera decir nada, se pusieron a toquetearlo todo. Amalia abrió una nevera y encontró un frasco con un líquido azul que brillaba un montón. Eso no hacía muy buena pinta...

—¡Usaremos esto! —anunció.

Duarte, mientras tanto, con un rotulador dorado que sacó de por ahí, dibujó en la bolsa un sol con gafas de sol y una nube de mala uva. Amalia la abrió y puso ese líquido tan sospechoso dentro. Lo consiguió sin derramar

ni una gota. ¡Esa niña era perfecta en todo lo que hacía! Al terminar, la cerró herméticamente y me la dio.
—Ten, caliéntalo.
—¿Yo?
—Claro, algo tendrás que hacer, ¿no? Mira, allí tienes un microondas.

Miré donde me señalaba su dedo y encontré un microondas. O quizás no lo era. En el laboratorio de mi abuela nada era lo que parecía. ¿Quizás era más prudente ir a la cocina?
—Ejem. —Carraspeó la niña—. ¿Te mueves?

Me apresuré en obedecerla y puse el experimento dentro. Cerré la puerta y moví unas ruedecitas sin saber muy bien qué hacer.
—Recuerda, solo la tienes que calentar un poco.

Giré solo un poco la ruedita y pulsé el botón de encendido. El microondas empezó a dar vueltas y vueltas y... ¡Se puso a temblar y a escupir chispas por todas partes!
—¡¿Qué está pasando?! —Me llevé un buen sobresalto.
—¡Apágalo! ¡Apágalo!

Intenté hacer algo, pero no hizo falta, sonó un **¡CLINK!** Y luego se paró solo y se abrió. **¡FIUU!** De dentro salió una bocanada de humo blanco. ¡Habíamos vaporizado el experimento!

—¿Estáis bien? —me atreví a preguntar.
—¡Mirad! —Señaló con el dedo Duarte.
—No puede ser. —Negó con la cabeza Amalia.
　　Me di la vuelta para ver y... ¿qué era eso? El vapor se había juntado todo en una pequeña nube

que hasta tenía unos ojitos brillantes. Era blanquita y esponjosa como el algodón.. ¡Parecía una mascota! Nos miró, estornudó y llovió un poquito. Yo me quedé parada como una estatua; en cambio, mis compañeros estaban hipnotizados. Sin ni pensárselo, se fueron directos a ponerle las manos encima.

—Sacaremos un supersobresaliente... —murmuraron los dos como zombis.

Pero la nube se asustó y se escondió dentro del microondas.

—¡Quietos! —avisé.

Pude entender muy bien cómo se sentía. Amalia y Duarte me hicieron caso y se apartaron. La nubecita salió tímidamente de su escondrijo y me observó de arriba abajo. De pronto, su mirada desconfiada cambió ¡y flotó hasta donde estaba yo! Parecía simpática esa tal nube, ya que, sin yo hacer nada, se puso a juguetear conmigo. Con un dedo intenté tocarla, pero ¡plup! Se podía traspasar. ¡Qué graciosa era!

—¡Ala! ¡Se ha hecho amiga tuya! —exclamó la niña sabionda.

¿Amiga mía? La nubecita se me acercó mucho a la cara y bizqueó. Estornudó y luego llovió un poquito sobre mi nariz. Se me escapó una risita. Mis compañeros se acercaron otra vez con sus manazas, y la nube de repente se puso gris y soltó un par de rayitos enfadada.

—Seguro que también quiere ser vuestra amiga, pero poco a poco...

—Ho-hola me llamo Duarte. —Se presentó el niño.

—Las nubes no hablan, zopenco.

Y la nube soltó un pequeño trueno para contestar.

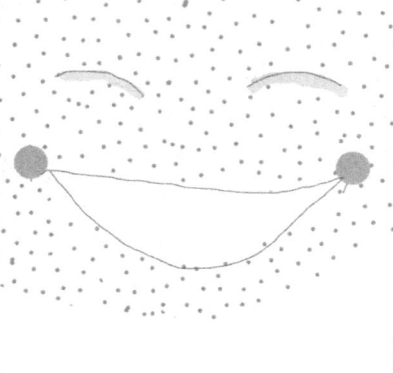

No lo pude evitar y solté una gran carcajada, y después Duarte y después Amalia. La nube estaba tan feliz que se le escapó un poco de lluvia.

—¿Cómo podemos llamarla? —pregunté.

—Cumulonimbos —dijo la niña sabelotodo.

—¿Cumumululuimbos? Eso es imposible de pronunciar —se quejó el niño.

—¿Qué tal... Nube? Y ya está —propuse yo.

—Me gusta.

Nube también asintió para dar su aprobación.

—¿Podemos quedarnos a dormir con vosotras? —preguntó Duarte.

—Sí, sí, ¡porfi, porfi! —suplicó Amalia.

¿Quedarse a dormir? ¿En mi casa? ¡Esto no lo había previsto! Necesitaba salir de esa, ¡y rápido!

—Es que no creo que mi madre me deje... Es muy estricta con estas cosas.

—¡Chica! —Sonó de lejos la voz de mi madre—. ¿Por qué no invitas a tus amigos a dormir? ¡Podéis acampar en el laboratorio si queréis! ¡Fiesta! ¡Fiesta! ¡Fiesta!

Mi madre, como siempre, al rescate. Nube flotó alegre, y Amalia y Duarte saltaron emocionados, ¡tenía ganas de marcha! La verdad que por un momento me relajé y dejé de pensar. ¿Habíamos creado una nube sin querer? **¡QUE MÁS DABA! ¡A PASARLO BIEN!**

En un visto y no visto, ya estábamos cenados y con unos sacos de dormir en el laboratorio. Amontonamos muchas linternas para que pareciera una hoguera y nos reunimos en círculo. Nube levitaba en medio y jugábamos a adivinar sus formas. Primero se convirtió en lo que parecía una tortuga con un casco.

—Es un búho con un diccionario —aseguró Amalia.
—No —contesté—, ¡es una tortuga con un casco!
Nube se movió para decirnos que nos equivocábamos.
—Ya sé, ya sé. —Levantó la mano Duarte—. Un león, un león que come tarta de queso sentado en un balancín.
—¡Qué va a ser eso!

Pero Nube se movió de arriba para abajo para decirnos que había acertado. ¡Otra ronda que ganaba Duarte!

—¿Qué creéis que dirá la profesora cuando la vea? —reflexionó Amalia.

¡Se me había olvidado por completo! Nube era nuestro experimento para el ciclo del agua. De hecho, ¡era el experimento perfecto! Pero... si la enseñábamos en clase, quizás después... ¡¿Cómo es que no lo había pensado antes?!

—Seguro que nos dan un premio y todo. —Se emocionó Duarte.

—Pero, pero... ¿y si luego la profesora no nos la quiere devolver? ¿Y si se la llevan para estudiarla? ¿Y si no la volvemos a ver? —No me lo podía creer, ¡lo había dicho en alto!

Al oír esas palabras, Nube se puso gris y se escondió detrás de mí.
—Tranquila, nosotros lo impediremos —dijo Duarte.
—Sí, ¡se van a **ENTERAR** si se la llevan!

Nube salió de detrás de mi espalda y cambió su forma a la de un brazo que enseñaba los bíceps. Al verlo, los tres caímos de culo al suelo de la risa.

Después de eso, jugamos un rato a los peinados. Nube se posaba en nuestras cabezas y nos daba su propio estilo. Crestas, rizos, trenzas, rayos y truenos... Pusimos música y el laboratorio se convirtió en una pasarela de moda. ¡Superdivertido! Y, sin darnos cuenta, se nos hizo muy muy tarde y nos pusimos dentro del saco de dormir y apagamos la luz.
—Buenas noches —dijo uno.
—Buenas noches —dijo otro.
—Buenas noches —dije yo.
—¡Truum! —dijo Nube.

Amalia, Duarte y Nube cayeron como troncos, pero yo ya sabía que me costaría un poco más de la cuenta... ¡Tenía tanto por pensar! Por ejemplo: GRRRR... Mentira, a los cinco segundos yo también roncaba. Demasiadas cosas me habían pasado ¡como para no caer rendida! El problema fue que, en mitad de la noche, unos ruidos me despertaron. ¿Qué debían ser?
—¡Psst! ¿Estás despierta? —me susurró Duarte.
—Sí... ¿Tú también lo has oído? —contesté.
—¿Será Nube?
—Imposible, duerme.
Nube estaba acurrucada y con los ojos cerrados justo a mi lado.
—Eh, vosotros, ¿qué cuchicheáis? —Amalia también se desveló.

Y **¡CRASH! ¡CRUSH!** Los ruidos sonaron, y mucho más fuerte que la última vez.
—¡Ahhh! —gritamos los tres.
Con todo el alboroto, Nube también se despertó asustada y nerviosa. Enseguida fui a calmarla.
—Tranquila, debe de ser una...

Los tres nos levantamos y fuimos a mirar por la ventana que daba al jardín. **¡UNA TORMENTA!** ¡Y qué tormenta! No muy lejos, se acercaba un nubarrón negro cargado de rayos que soltaba un buen chaparrón. ¡Venía directo hacia nosotros! Nube también se acercó a curiosear y de pronto cambió su expresión. Se volvió gris y empezó a soltar minirrayitos y truenos por todas partes. No lo podía controlar.
—Nube, ¿qué te pasa?

Me acerqué para acariciarla, pero me electrocutó el dedo con un relampaguito. **¡AU!**

—Es el ciclo del agua, Chica.
—¿El ciclo del agua?
—¿Qué tiene que ver eso? —preguntó Duarte.
—Pues que Nube es una nube y tiene que hacer lo que hacen las nubes.
—Pero, pero...

No pude contestar, ¡otro rayo sonó fuertísimo! Y este no era de la tormenta de fuera, ¡lo había lanzado Nube! Ya no era una nubecita pequeña y esponjosa. ¡Estaba creciendo y convirtiéndose en una tempestad! Vale, estaba claro que el lugar de una nube no era dentro de una casa.
—¡Tenemos que sacarla de aquí!
—¡Si la dejamos ir, suspenderemos el trabajo! —se lamentó el travieso de la clase.
—¿Te crees que no lo sé?

Y ¡FIUUU! Nube creció mucho más y se transformó en un gran nubarrón. ¡Era como tener un huracán dentro de casa! Hacía tanto viento que Duarte, Amalia y yo nos tuvimos que agarrar de las manos para no salir disparados.
—¡La ventana, rápido!
Y con muchísimo esfuerzo, llegamos hasta allí. Duarte y Amalia me hicieron una escalerita con sus manos y conseguí alcanzarla. La abrí, y Nube salió de allí como si la hubiera absorbido un aspirador. Y de repente, todo volvió a quedarse tranquilo, aunque el laboratorio estaba completamente patas arriba y con charcos por todas partes.
Los tres nos asomamos rápidamente por la ventana y vimos cómo Nube se unía a esa gran tormenta.
—¡Adiós, Nube! ¡Que tengas un feliz ciclo del agua! —grité al cielo.
Y los tres nos despedimos moviendo los brazos mientras se alejaba. Duarte, el temible, incluso lloró un poco, aunque él se excusó diciendo que eran gotas de lluvia. Al final, los tres nos dimos un buen abrazo. ¡Menuda aventura acabábamos de vivir!
—¿Se puede saber qué es este jaleo? —Mi madre entró por sorpresa y nos pilló.
Al ver que estaba todo empantanado, se puso hecha una fiera, pero luego nos vio abrazados y se tranquilizó.
—Ve-verás. —Duarte intentó inventar una excusa—. Es que estábamos durmiendo y hemos tenido un pequeño accidente. Pero con el experimento. No piense usted mal.
Y Amalia y yo nos partimos de la risa. Al final los cuatro acabamos por los suelos de tanta carcajada.

Llegó el lunes y presentamos nuestro experimento como el resto de las niñas y niños. Después de todo, entre una cosa y la otra, no tuvimos tiempo para hacerlo mejor y nos pusieron una nota muy normalita. Pero, realmente, con ese experimento, Amalia, Duarte y yo aprendimos mucho más del ciclo del agua que lo que quisiéramos reconocer. Y quizás aprendimos alguna cosa más..., ya que, después de ese trabajo, el ecosistema de nuestra clase cambió para siempre. Aparecieron oasis de amistad, ríos de risitas y avalanchas de cuchicheos (por mi parte, mayormente). Sí, después de esa aventura y con tantos nuevos amigos, tenía muchísimas palabras acumuladas por decir.

Supongo que os preguntaréis que qué pasó con Nube. Pues es algo que todavía no sabemos. Por eso, casi todas las tardes, después del colegio, el más travieso de la clase, la más sabelotodo y la más tímida se van hasta la colina para ver las nubes. Allí juegan a ver formas en el cielo y esperan reencontrarse con su amiga esponjosa algún día.

Made in the USA
Middletown, DE
08 February 2023

24388816R00066